LES ÉVANGILES

CHOIX de TEXTES

du

NOUVEAU

TESTAMENT

ILLUSTRATIONS DE
A. ET M. PROVENSEN

DEUX COQS D'OR

TABLE DES

© MCMLIII by Éditions des Deux Coqs d'Or, Paris. Publié avec l'accord de Western Publishing Company, Inc., Racine, Wisconsin.
ISBN 2-7192-0031-X

MATIÈRES

Nihil obstat :
Paris, le 5 mai 1954
F. TOLLU, p.s.s.

Imprimatur :
Paris, le 6 mai 1954
M. POTEVIN, vic. gén.

PROPHÉTIE D'ISAÏE

LE peuple qui marchait dans les ténèbres a vu une grande lumière ; ceux qui habitaient dans la région de l'ombre de la mort, sur eux a brillé la lumière...

Car un enfant nous est né, un fils nous a été donné. La souveraineté sera placée sur son épaule, et il sera appelé Admirable Conseiller, Dieu Fort, Père Éternel, Prince de la Paix.

L'empire sera grand et la paix sans fin, sur le trône de David et dans son royaume. Il l'établira et le maintiendra par le droit et la justice dès maintenant et à jamais...

LUC   MARC   MATTHIEU   JEAN

L'ENFANT JÉSUS

L'ANNONCIATION

IL arriva, aux jours du roi Hérode, que l'ange Gabriel fut envoyé par Dieu dans une ville de Galilée appelée Nazareth, auprès d'une jeune fille qui était fiancée à un homme de la maison de David nommé Joseph. Le nom de la jeune fille était Marie.

L'Ange lui apparut et lui dit : « Je vous salue, pleine de grâce ; le Seigneur est avec vous ; vous êtes bénie entre toutes les femmes. »

Marie fut troublée de ces paroles, et elle se demandait ce que pouvait signifier une telle salutation.

L'Ange reprit : « Ne craignez point, Marie. Vous aurez un fils, et vous lui donnerez le nom de Jésus. Il sera grand ; on l'appellera Fils du Très-Haut ; le Seigneur lui donnera le trône de David, son père, et il règnera à jamais sur la maison de Jacob. »

Marie dit à l'Ange : « Comment cela peut-il se faire, puisque je n'ai point de mari ? »

L'Ange lui répondit : « L'Esprit-Saint va descendre sur vous, et la puissance du Très-Haut vous couvrira de son ombre. Voilà pourquoi l'Enfant qui naîtra de vous sera appelé le Saint, le Fils de Dieu. »

Marie dit alors : « Voici la servante du Seigneur. Qu'il me soit fait selon votre parole. » Et l'Ange la quitta.

Marie se leva et s'en alla en toute hâte au pays des montagnes, en une ville de Juda. Elle arriva dans la maison de Zacharie et d'Elisabeth, sa cousine.

Et Marie salua Elisabeth par ces mots :
« Mon âme glorifie le Seigneur,
Et mon esprit exulte en Dieu, mon Sauveur,
Car il a jeté les yeux
	sur l'humilité de sa servante.
Oui, désormais toutes les générations
	me diront bienheureuse,
Car le Tout-Puissant a fait en moi
	de grandes choses.
Saint est son nom,
Et sa miséricorde s'étend d'âge en âge
	sur ceux qui le craignent.
Il a déployé la force de son bras ;
Il a écarté les orgueilleux ;
Il a renversé les potentats
	de leur trône,
Et il a élevé les petits.
Il a comblé de biens les affamés,
Et renvoyé les riches les mains vides.
Il s'est ressouvenu de sa miséricorde,
Il a pris son soin de son serviteur Israël,
Comme il l'avait promis à nos pères,
De protéger Abraham et ses fils à jamais. »

Marie resta avec sa cousine trois mois environ, puis elle s'en retourna chez elle.

NAISSANCE
DE JÉSUS

IL y eut, en ce temps-là, un édit publié par l'empereur romain César Auguste, qui ordonnait qu'on fît le recensement de toute la terre. Ce premier recensement eut lieu pendant que Quirinius était gouverneur de Syrie.

Tout le monde partit se faire inscrire dans sa ville d'origine. Joseph aussi quitta Nazareth, en Galilée, et monta en Judée, à la ville de David qui se nomme Bethléem, car il était de la descendance de David. Et Marie son épouse, qui allait être mère, l'accompagnait.

Or, pendant qu'ils étaient là, le temps de sa maternité arriva. Et elle mit au monde son fils premier-né, l'enveloppa de langes et le coucha dans une crèche, parce qu'il n'y avait pas de place pour eux à l'hôtellerie.

Il y avait aux environs des bergers qui passaient la nuit aux champs, gardant leurs troupeaux.

Un ange du Seigneur leur apparut et la gloire du Seigneur resplendit autour d'eux. Ils eurent grand-peur, mais l'ange leur dit : « Ne craignez point, car je vous annonce une bonne nouvelle. Tout le peuple sera dans la joie. Aujourd'hui, dans la ville de David, un Sauveur vient de naître, qui est le Christ, le Seigneur. Vous le reconnaîtrez à ce signe : vous trouverez un enfant enveloppé de langes et couché dans une crèche. »

Au même instant une troupe céleste se joignit à l'ange et louait Dieu en disant : « Gloire à Dieu dans le Ciel, et paix sur la terre aux hommes de bonne volonté. »

Quand les anges, remontant au ciel, les eurent quittés, les bergers se dirent entre eux : « Allons à Bethléem, et voyons ce qui s'y est passé, ce que le Seigneur nous a fait savoir. »

Ils s'y rendirent en hâte, trouvèrent Marie, Joseph et l'Enfant couché dans la crèche. Après

l'avoir vu, ils firent connaître ce qui leur avait été dit de cet Enfant ; et tous ceux qui les entendirent furent émerveillés des choses que leur racontaient les bergers.

Quant à Marie, elle conservait avec soin tous ces souvenirs et les méditait en son cœur.

Et les bergers s'en retournèrent, louant et glorifiant Dieu.

PRÉSENTATION AU TEMPLE

LE huitième jour étant arrivé, auquel l'Enfant devait être circoncis, il fut appelé Jésus, nom que l'ange lui avait donné en annonçant sa naissance à Marie.

Quand les jours de la purification furent venus, selon la loi de Moïse, Marie et Joseph le portèrent à Jérusalem pour le présenter au Seigneur, ainsi que l'ordonne sa loi : « Tout fils premier-né me sera consacré », et pour offrir en sacrifice selon la loi un couple de tourterelles ou de colombes.

Or il y avait à Jérusalem un homme nommé Siméon ; c'était un homme juste et pieux, qui attendait la consolation d'Israël. L'Esprit-Saint était en lui, et lui avait révélé qu'il ne mourrait pas sans avoir vu le Christ du Seigneur.

Il vint au temple ce jour-là, poussé par l'Esprit. Et au moment où les parents de Jésus amenaient l'Enfant, pour accomplir à son égard ce qu'ordonnait la loi, il le reçut dans ses bras et bénit Dieu en disant :

« Maintenant, Seigneur, laissez partir en paix votre serviteur, selon votre parole,
Car mes yeux ont vu le salut
Que vous avez préparé pour tous les peuples,
Lumière qui dissipera les ténèbres
Et gloire des enfants d'Israël. »

Joseph et la mère de l'Enfant étaient émerveillés de ce qu'on disait de lui. Siméon les bénit et dit à Marie : « Cet Enfant est au monde pour la chute et la résurrection d'un grand nombre en Israël : il sera un signe de contradiction. Vous-même, un glaive percera votre âme. »

Il y avait aussi une prophétesse, Anne, fille de Phanuel, de la tribu d'Aser. Elle était veuve et âgée de quatre-vingt-quatre ans. Elle ne quittait point le temple, servant Dieu nuit et jour dans le jeûne et dans la prière.

Elle aussi, venant à son tour, se mit à louer le Seigneur et à parler de l'Enfant à tous ceux qui attendaient la rédemption d'Israël.

Lorsqu'ils eurent tout accompli selon la loi du Seigneur, ils retournèrent en Galilée, à leur ville de Nazareth.

Et l'Enfant croissait et se fortifiait ; il était rempli de sagesse et la grâce de Dieu était en lui.

ADORATION DES MAGES

ÉSUS étant né à Bethléem de Judée, aux jours du roi Hérode, des Mages arrivèrent d'Orient à Jérusalem.

Ils demandèrent : « Où est le roi des Juifs qui vient de naître ? Car nous avons vu se lever son étoile, et nous sommes venus l'adorer. »

Quand le roi Hérode apprit cela, il fut troublé et tout Jérusalem avec lui. Il assembla tous les Princes des prêtres et les Scribes du peuple, et s'enquit d'eux où devait naître le Christ.

Ils lui dirent : « A Bethléem de Judée, car voici ce qui est écrit par le Prophète :
Et toi, Bethléem, terre de Juda,
Tu n'es pas la moindre
entre les principales villes de Juda,
Car c'est de toi que sortira le chef,
Le pasteur d'Israël, mon peuple. »

Alors Hérode, ayant fait venir secrètement les Mages, apprit d'eux la date précise à laquelle l'étoile leur était apparue. Puis il les envoya à Bethléem, en disant : « Allez, informez-vous exactement de l'Enfant, et lorsque vous l'aurez trouvé, avertissez-moi, pour que j'aille moi aussi l'adorer. »

Après avoir entendu les paroles du roi, ils partirent. Et voilà que l'étoile qu'ils avaient vue en Orient allait devant eux, jusqu'à ce que, au-dessus du lieu où se trouvait l'Enfant, elle s'arrêtât.

A la vue de l'étoile, ils éprouvèrent une grande joie. Ils entrèrent dans la maison, trouvèrent l'Enfant avec Marie, sa mère, et, se prosternant, ils l'adorèrent. Ils ouvrirent leurs trésors et lui offrirent de l'or, de l'encens et de la myrrhe.

Puis ayant été avertis en songe de ne point retourner vers Hérode, ils regagnèrent leur pays par une autre route.

FUITE EN ÉGYPTE

Joseph se leva, prit l'Enfant et sa mère, et, de nuit, se retira en Egypte.

Et ils y restèrent jusqu'à la mort d'Hérode, afin que la parole du Prophète fût accomplie : « D'Egypte j'ai appelé mon fils. »

Hérode comprenant qu'il avait été trompé par les Mages, entra dans une grande colère. Il envoya tuer tous les enfants mâles de Bethléem et des environs, âgés de moins de deux ans, d'après la date qu'il connaissait exactement par les Mages.

Alors se réalisa la prédiction du prophète Jérémie disant :

« Une voix a été entendue dans Rama,
Des sanglots et des hurlements de douleur,
Rachel pleurant ses fils,
Et elle n'a pas voulu être consolée,
Parce qu'ils ne sont plus. »

Mais quand Hérode fut mort, un ange apparut en songe à Joseph en Egypte, et lui dit :

« Lève-toi, prends l'Enfant et sa mère, et va au pays d'Israël. »

« Car ceux qui en voulaient à la vie de l'Enfant sont morts. »

Joseph se leva, prit l'Enfant et sa mère, et vint au pays d'Israël.

Mais, apprenant qu'Archelaüs régnait en Judée à la place d'Hérode, son père, il n'osa y aller, et, ayant été averti en songe, il se retira dans la Galilée.

Il vint habiter une ville nommée Nazareth, afin que s'accomplît ce qu'avaient dit les Prophètes :

« Il sera appelé Nazaréen. »

APRÈS leur départ, un ange du Seigneur apparut en songe à Joseph et lui dit : « Lève-toi, prends l'Enfant et sa mère, fuis en Egypte et restes-y jusqu'à ce que je t'avertisse ; car Hérode va chercher l'Enfant pour le faire périr. »

L'ENFANT JÉSUS AU TEMPLE

L'ENFANT croissait et se for-tifiait ; il était rempli de sa-gesse, et la grâce de Dieu était en lui.

Or ses parents allaient tous les ans à Jérusalem pour la Pâque. Quand il eut douze ans, ils y montèrent comme d'habi-tude, à l'occasion de la fête. Lorsque les jours de la fête furent passés, ils repartirent, mais l'Enfant Jésus resta dans la ville, sans que ses parents s'en fussent aperçus.

Pensant qu'il était avec leurs compagnons de voyage, ils marchèrent tout un jour, et alors ils le cherchèrent parmi leurs parents et amis. Mais ne le trouvant pas, ils retournèrent à Jérusalem pour le chercher.

Au bout de trois jours, ils le trouvèrent enfin dans le temple, assis au milieu des docteurs, qu'il écoutait et interrogeait. Et tous ceux qui l'enten-daient étaient ravis de son intelligence et de ses réponses.

Ses parents furent étonnés en le voyant. Et sa mère lui dit : « Mon enfant, pourquoi avez-vous agi ainsi envers nous ? Votre père et moi nous vous cherchions tout affligés. »

Il leur répondit : « Pourquoi me cherchiez-vous ? Ne saviez-vous pas qu'il me faut être aux choses de mon Père ? »

Mais eux ne comprirent pas ce qu'il disait. Il descendit avec eux à Nazareth, et il leur était sou-mis. Et sa mère conservait toutes ces choses dans son cœur.

Jésus cependant croissait en sagesse, en âge et en grâce devant Dieu et devant les hommes.

DÉBUT DU MINISTÈRE DE JÉSUS

BAPTÊME DE JÉSUS

IL parut, en ces jours-là, un homme, nommé Jean, qui prêchait dans le désert de Judée, disant : « Faites pénitence, car le royaume des cieux est proche. » C'est lui qui avait été annoncé par le Prophète Isaïe, en ces termes : « Une voix a retenti au désert : Préparez le chemin du Seigneur, aplanissez ses sentiers. »

Jean portait un vêtement de poil de chameau, et une ceinture de cuir autour de ses reins. Il se nourrissait de sauterelles et de miel sauvage.

Alors venaient à lui les gens de Jérusalem, de toute la Judée et de toute la région voisine du Jourdain. Et, confessant leurs péchés, ils se faisaient baptiser par lui dans le Jourdain.

Mais quand il vit nombre de Pharisiens et de Sadducéens venir à son baptême, il leur dit : « Race de vipères, qui vous a appris à fuir la colère qui vient ? Soyez donc vertueux, si votre repentir est sincère. Et ne croyez pas qu'il suffit de vous dire en vous-mêmes : Nous avons Abraham pour père. Car, je vous le dis, de ces pierres mêmes, Dieu peut susciter des fils d'Abraham.

« Déjà la hache est à la racine des arbres ; tout arbre qui ne porte pas de bon fruit sera coupé et jeté au feu.

« Moi, je vous baptise dans l'eau, en signe de pénitence, mais celui qui vient après moi est plus fort que moi, et je ne suis pas digne de porter sa chaussure. Il vous baptisera dans l'Esprit-Saint et dans le feu.

« Sa main tient le van ; il nettoiera son aire, il amassera son froment dans ses greniers, et il brûlera la paille dans un feu inextinguible. »

Alors Jésus, venant de Galilée, alla trouver Jean au Jourdain pour être baptisé par lui. Jean s'y refusait en disant : « C'est moi qui dois être baptisé par vous, et c'est vous qui venez à moi ! »

Jésus lui répondit : « Laisse faire maintenant ! Il convient que nous accomplissions toute justice. »

Alors Jean lui donna le baptême. Quand Jésus l'eut reçu, il sortit de l'eau aussitôt. Et voilà que les cieux lui furent ouverts, et il vit l'Esprit de Dieu descendre du ciel en forme de colombe et se poser sur lui. Et une voix d'en haut retentit : « Celui-ci est mon Fils bien-aimé, en qui j'ai mis mes complaisances. »

Et Jésus commença son ministère à l'âge de trente ans environ.

TENTATION AU DÉSERT

JÉSUS, rempli de l'Esprit-Saint, revint du Jourdain, et il fut conduit par l'Esprit dans le désert. Et pendant quarante jours il fut tenté par le démon. Il ne mangea rien durant ces jours-là, et quand ils furent passés, il eut faim.

Alors le démon lui dit : « Si vous êtes le Fils de Dieu, commandez à cette pierre de se changer en pain. »

Jésus lui répondit : « Il est écrit : L'homme ne vit pas seulement de pain, mais de toute parole de Dieu. »

Alors le démon le transporta sur une haute montagne, et lui ayant montré en un instant tous les royaumes de la terre, il lui dit : « Cette puissance et cette gloire, je vous les donnerai, car elles m'appartiennent et je les donne à qui je veux. Si vous m'adorez, elles seront à vous. »

Jésus lui répondit : « Il est écrit : Tu adoreras le Seigneur ton Dieu et tu le serviras, lui seul. »

Le démon le conduisit encore à Jérusalem, et le plaçant sur le faîte du temple, il lui dit : « Si vous êtes le Fils de Dieu, jetez-vous en bas. Car il est écrit : Il vous a confié à ses anges ; ils vous soutiendront de leurs mains de peur que votre pied ne heurte contre une pierre. »

Jésus lui répondit : « Il est écrit : Tu ne tenteras point le Seigneur ton Dieu. »

Après l'avoir ainsi tenté de toutes manières, le démon s'éloigna de lui pour un temps.

JÉSUS CHOISIT SES APÔTRES

QUAND Jésus eut appris que Jean avait été mis en prison par Hérode, le gouverneur, pour lui avoir reproché sa mauvaise conduite, il se retira en Galilée. Quittant Nazareth, il vint demeurer à Capharnaüm, sur les bords de la mer de Galilée, dans la région de Zabulon et de Nephtali, afin que s'accomplît la parole du prophète Isaïe :
« Terre de Zabulon et terre de Nephtali,
  voisine de la mer,
  pays au delà du Jourdain, Galilée des Gentils,
Le peuple qui était assis dans les ténèbres
  a vu une grande lumière,
Et sur ceux qui étaient assis
  dans la région de l'ombre de la mort,
  une aube s'est levée. »

Dès lors, Jésus se mit à prêcher, en disant : « Faites pénitence, car le royaume de Dieu est proche. »

Un jour que Jésus, pressé par la foule qui voulait entendre la parole de Dieu, se tenait sur le bord de la mer de Galilée, il vit deux barques qui stationnaient près du rivage ; les pêcheurs étaient descendus pour laver leurs filets.

Il monta dans une de ces barques, qui était à Simon, et le pria de s'éloigner un peu de terre. Puis il s'assit et enseigna le peuple de dessus la barque.

Quand il eut fini de parler, il dit à Simon : « Avance au large, et jette tes filets pour pêcher. »

Simon lui répondit : « Maître, nous avons travaillé toute la nuit sans rien prendre ; pourtant, sur votre parole, je jetterai le filet. »

Ce qui fut fait. Et ils prirent un nombre si grand de poissons que leur filet se rompait. Alors Simon appela à son aide ses compagnons qui étaient dans l'autre barque. Ils vinrent et ils remplirent les deux barques au point qu'elles enfonçaient.

Quand Simon vit cela, il tomba aux pieds de Jésus, en disant : « Eloignez-vous de moi, Seigneur ; je ne suis qu'un pécheur. » Car il était saisi d'étonnement, ainsi que tous ceux qui l'accompagnaient, à cause de la prise qu'ils avaient faite. Il en était de même de Jacques et de Jean, fils de Zébédée, les associés de Simon.

Jésus dit à Simon : « Ne crains point. Désormais ce sont des hommes que tu pêcheras. »

Et aussitôt, ramenant leurs barques au rivage, ils quittèrent tout pour le suivre.

Et Jésus regarda Simon et lui dit : « Tu es Simon, fils de Jonas ; tu seras appelé Céphas (ce qui signifie Pierre). »

Le jour suivant, Jésus rencontra Philippe et lui dit : « Suis-moi. »

Philippe rencontra Nathanaël et lui dit : « Nous avons trouvé celui dont Moïse et les Prophètes ont parlé, Jésus de Nazareth, fils de Joseph. »

Nathanaël lui répondit : « Que peut-il sortir de bon de Nazareth ? »

Philippe lui dit : « Viens et vois ! »

Quand Jésus vit venir Nathanaël, il dit de lui : « Voilà un vrai Israélite en qui il n'y a nul artifice. »

Nathanaël lui dit : « D'où me connaissez-vous ? »

« Nathanaël », dit Jésus, « alors que tu étais sous le figuier, avant que Philippe t'appelât, moi je t'ai vu. »

Nathanaël lui répondit : « Maître, vous êtes le Fils de Dieu, le roi d'Israël. »

Jésus reprit : « Oui, tu as cru parce que je t'ai dit : Je t'ai vu sous le figuier. Mais tu verras de plus grandes choses que celle-là. En vérité, je vous le dis, vous verrez désormais le ciel ouvert et les anges de Dieu monter et descendre sur le Fils de l'homme. »

En ces jours-là, Jésus se retira sur la montagne pour prier, et il passa toute la nuit en prière. Quand il fit jour, il appela ses disciples, et il en choisit douze, qu'il nomma apôtres.

Il désigna les Douze pour les avoir avec lui et pour les envoyer prêcher, avec le pouvoir de guérir les maladies et de chasser les démons.

C'étaient : Simon, qu'il nomma Pierre ; Jacques, fils de Zébédée, et Jean, frère de Jacques, auxquels il donna le nom de Boanergès, c'est-à-dire fils du tonnerre ; André, Philippe, Barthélemi, Matthieu, Thomas, Jacques, fils d'Alphée, Thaddée, Simon le Cananite, et Judas Iscariote, qui le trahit.

NOCES DE CANA

TROIS jours après, il y eut des noces à Cana en Galilée, et la mère de Jésus y était. Jésus fut aussi convié aux noces avec ses disciples. Le vin venant à manquer, la mère de Jésus lui dit : « Ils n'ont plus de vin. »

Jésus lui répondit : « Femme, qu'y a-t-il entre vous et moi ? Mon heure n'est pas encore venue. »

Sa mère dit aux serviteurs : « Faites tout ce qu'il vous dira. »

Or il y avait là six urnes de pierre, destinées aux purifications des Juifs et contenant chacune deux à trois mesures.

Jésus leur dit : « Remplissez d'eau ces urnes. » Et ils les remplirent jusqu'au bord.

« Puisez maintenant », reprit-il, « et portez-en au maître du festin. »

Quand ce dernier eut goûté l'eau changée en vin, ne sachant d'où venait ce vin, — les serviteurs qui avaient puisé l'eau le savaient bien, — il interpella l'époux et lui dit : « D'ordinaire on sert d'abord le bon vin, et après qu'on a beaucoup bu, le moins bon. Toi, tu as gardé le meilleur pour la fin ! »

Tel fut, à Cana de Galilée, le premier des miracles de Jésus. Il manifesta sa gloire, et ses disciples crurent en lui.

Après cela, il descendit à Capharnaüm avec sa mère, ses frères et ses disciples, et ils n'y demeurèrent que peu de jours.

UN PROPHÈTE DANS SON PAYS

JÉSUS, rempli de l'Esprit-Saint, voyageait en Galilée, et sa renommée se répandait dans toute la région. Il enseignait dans les synagogues et il était honoré par tous.

Il se rendit à Nazareth, où il avait été élevé, et, selon sa coutume, il entra dans la synagogue le jour du sabbat et se leva pour faire la lecture.

On lui remit le livre du prophète Isaïe ; et l'ayant déroulé, il trouva l'endroit où il est écrit :

« L'Esprit du Seigneur est sur moi, parce qu'il

m'a consacré, pour évangéliser les pauvres, guérir ceux qui ont le cœur brisé, annoncer aux captifs la délivrance, aux aveugles le recouvrement de la vue, pour libérer les opprimés et publier une année de grâce du Seigneur. »

Il roula le livre, le rendit au serviteur et s'assit. Toute l'assistance avait les yeux fixés sur lui. Alors il commença à leur dire : « Aujourd'hui vos oreilles ont entendu l'accomplissement de cet oracle. »

Et eux, tout en admirant les paroles de grâce

qui sortaient de sa bouche, disaient : « N'est-ce pas le fils de Joseph ? »

Jésus leur dit : « Sans doute me citerez-vous le proverbe : Médecin, guéris-toi toi-même ; et me direz-vous : Tout ce que tu as fait, nous le savons, à Capharnaüm, fais-le ici dans ton propre pays. »

Puis il ajouta : « En vérité, je vous le dis, aucun prophète n'est bien reçu dans son pays. En vérité, il y avait beaucoup de veuves en Israël du temps d'Elie, lorsque le ciel fut fermé trois ans et six mois et qu'il y eut une grande famine sur toute la terre ; pourtant Elie ne fut envoyé à aucune d'elles, mais bien à une veuve de Sarepta, au pays de Sidon.

« Il y avait aussi beaucoup de lépreux en Israël du temps d'Elisée, le prophète ; pourtant aucun d'eux ne fut guéri, mais bien Naaman, le Syrien. »

En entendant cela, tous dans la synagogue furent remplis de colère. Ils se levèrent, le chassèrent de la ville et le menèrent jusqu'à un escarpement de la hauteur où elle est bâtie, pour le précipiter en bas. Mais lui, passant au travers de la foule, s'en alla.

PREMIÈRES GUÉRISONS DE JÉSUS

IL descendit à Capharnaüm, en Galilée, et là il enseignait les jours de sabbat. On était frappé de son enseignement, car il parlait avec autorité.

Il y avait dans la synagogue un homme possédé d'un démon impur, lequel s'écria d'une voix forte : « Laisse-nous. Qu'y a-t-il entre nous et toi, Jésus de Nazareth ? Es-tu venu pour nous perdre ? Je sais qui tu es : le Saint de Dieu. »

Jésus le menaça, en disant : « Tais-toi, et sors de cet homme. »

Et le démon le jeta par terre devant tous, puis sortit de lui sans lui faire aucun mal. Tous furent saisis de stupeur, et ils se disaient entre eux : « Qu'est-ce donc ? Il commande avec autorité et puissance aux esprits impurs, et ils sortent. »

Et sa renommée se répandit de tous côtés dans le pays.

En sortant de la synagogue, il se rendit à la maison de Simon, dont la belle-mère avait une grosse fièvre, et ils le prièrent pour elle.

Se penchant sur le lit, il commanda à la fièvre, et la fièvre la quitta.

A l'instant elle se leva et les servit.

Après le coucher du soleil, tous ceux qui avaient chez eux des malades les lui amenèrent. Il imposa les mains à chacun d'eux et il les guérit.

Des démons aussi sortirent de plusieurs, criant et disant : « Tu es le Fils de Dieu », et il les menaçait pour leur imposer silence, parce qu'ils savaient qu'il était le Christ.

Dès que le jour parut, il sortit et alla dans un lieu désert. Mais la foule le recherchait, et l'ayant trouvé, elle voulait le retenir auprès d'elle.

Mais il leur dit : « Il faut aussi que j'annonce aux autres villes le royaume de Dieu, car je suis envoyé pour cela. »

Et il prêchait dans les synagogues de la Galilée.

LES PHARISIENS MANIFESTENT

GUÉRISON DE LA LÈPRE

COMME il était dans une ville de la Galilée, un homme tout couvert de lèpre, apercevant Jésus, tomba la face contre terre et lui fit cette prière : « Seigneur, si vous le voulez, vous pouvez me guérir. »

Jésus étendit la main, le toucha et lui dit : « Je le veux, sois guéri. » Aussitôt sa lèpre disparut.

Puis il lui ordonna de n'en parler à personne, mais d'aller se montrer au prêtre et d'offrir pour sa guérison le don prescrit par Moïse.

Sa renommée se répandait de plus en plus, et les gens venaient en foule pour l'entendre et pour être guéris de leurs maladies.

Pour lui, il se retirait dans les déserts et priait.

PARDON DES PÉCHÉS

UN jour Jésus enseignait. Des Pharisiens et les docteurs de la loi étaient là assis, venus de tous les villages de Galilée, ainsi que de la Judée et de Jérusalem ; et la puissance du Seigneur se manifestait par des guérisons.

Et voilà que des gens, portant sur un lit un paralytique, cherchaient à le faire entrer et à le mettre devant lui. Et n'en trouvant pas le moyen à cause de la foule, ils montèrent sur le toit, et ils le descendirent par une ouverture avec son lit, au milieu de tous, devant Jésus.

Voyant leur foi, il dit : « Homme, tes péchés te sont remis. »

Alors les Scribes et les Pharisiens se mirent à raisonner et à dire : « Quel est cet homme qui blasphème ? Qui peut pardonner les péchés, si ce n'est Dieu seul ? »

Jésus, connaissant leurs pensées, leur dit : « Que méditez-vous en vos cœurs ? Lequel est le plus aisé, de dire : Tes péchés te sont pardonnés, ou

de dire : Lève-toi et marche ? Or, afin que vous sachiez que le Fils de l'homme a sur terre le pouvoir de remettre les péchés : Je te l'ordonne, dit-il

LEUR HOSTILITÉ A JÉSUS

il était couché, et s'en alla dans sa maison en glorifiant Dieu.

Tous étaient dans l'étonnement et glorifiaient Dieu ; remplis de crainte, ils disaient : « Nous avons vu aujourd'hui des choses merveilleuses. »

OBSERVANCE DU SABBAT

UN jour de sabbat, comme Jésus traversait des champs de blé, ses disciples cueillaient des épis et les mangeaient, après les avoir froissés dans leurs mains.

Quelques Pharisiens leur dirent : « Pourquoi faites-vous ce qui n'est pas permis le jour du sabbat ? »

Jésus leur répondit : « Quand David eut faim, n'a-t-il pas mangé le pain de proposition réservé aux seuls prêtres ? »

Et il ajouta : « Le Fils de l'homme est maître même du sabbat. »

Il arriva, un autre jour de sabbat, que Jésus entra dans la synagogue et qu'il y enseignait. Et il y avait là un homme dont la main droite était sèche.

Les Scribes et les Pharisiens l'observaient, pour voir s'il ferait une guérison le jour du sabbat, afin d'avoir sujet de l'accuser.

Jésus, connaissant leurs pensées, dit à l'homme qui avait la main sèche : « Lève-toi et tiens-toi là au milieu. »

Il se leva et se tint debout.

Alors Jésus leur dit : « Je vous le demande, est-il permis, le jour du sabbat, de faire du bien ou de faire du mal, de sauver la vie ou de l'ôter ? »

Puis, promenant son regard sur eux tous, il dit à cet homme : « Etends ta main. »

Il le fit, et sa main fut guérie.

au paralytique, lève-toi, prends ton lit et va dans ta maison. »

A l'instant, il se leva devant eux, prit le lit où

Les Pharisiens furent remplis de fureur, et ils se consultèrent sur ce qu'ils feraient à Jésus.

SERMON SUR LA MONTAGNE

LES PLUS GRANDS ENSEIGNEMENTS DE JÉSUS

JÉSUS parcourait la Galilée, enseignant dans les synagogues, prêchant l'Evangile du royaume de Dieu et guérissant toutes sortes de maladies et d'infirmités parmi le peuple.

Sa renommée se répandit dans toute la Syrie, et on lui présentait tous ceux qui souffraient de maladies et de tourments divers, des possédés, des lunatiques, des paralytiques, et il les guérissait.

Une grande foule le suivit, de la Galilée, de la Décapole, de Jérusalem, de la Judée et d'au delà du Jourdain.

Quand il vit cette foule, Jésus monta sur la montagne ; il s'assit et ses disciples s'approchèrent de lui. Alors, prenant la parole, il se mit à les instruire.

LES BÉATITUDES

« Heureux les pauvres en esprit,
car le royaume des cieux est à eux !
« Heureux les doux,
car ils possèdent la terre !
« Heureux ceux qui pleurent,
car ils seront consolés !
« Heureux ceux qui ont faim et soif
de la justice,
car ils seront rassasiés !
« Heureux les miséricordieux,
car ils obtiendront miséricorde !
« Heureux ceux qui ont le cœur pur,
car ils verront Dieu !
« Heureux les pacifiques,
car ils seront appelés fils de Dieu !
« Heureux ceux qui souffrent persécution
pour la justice,
car le royaume des cieux est à eux !
« Heureux êtes-vous, si l'on vous insulte, si l'on vous persécute, si l'on vous calomnie de toutes manières à cause de moi. Réjouissez-vous et soyez dans l'allégresse, car votre récompense sera grande dans le ciel : c'est bien ainsi qu'on a persécuté les prophètes, vos devanciers.

LA LUMIÈRE DU MONDE

« Vous êtes le sel de la terre. Si le sel s'affadit, avec quoi lui rendra-t-on sa saveur ? Il n'est plus bon à rien, qu'à être jeté dehors et foulé aux pieds.

« Vous êtes la lumière du monde. Une ville située sur une montagne ne peut être cachée. Et l'on n'allume pas une lampe pour la mettre sous le boisseau, mais sur le chandelier, où elle brille pour ceux qui sont dans la maison.

« Que votre lumière brille ainsi devant les hommes, afin qu'ils voient vos bonnes œuvres et glorifient votre Père du ciel.

LES NOUVEAUX COMMANDEMENTS

« Ne pensez pas que je sois venu abolir la Loi ou les Prophètes ; je ne suis pas venu abolir mais accomplir. Car, je vous le dis en vérité, jusqu'à ce que passent le ciel et la terre, pas un seul point, pas un seul trait ne disparaîtra de la Loi, que tout ne soit accompli.

« Celui donc qui violera un de ces moindres commandements, et enseignera aux autres à le faire, sera le moindre dans le royaume des cieux. Mais celui qui les observera et enseignera à les observer, sera grand dans le royaume des cieux.

« Car je vous dis que si votre justice ne surpasse celle des Scribes et des Pharisiens, vous n'entrerez point dans le royaume des cieux.

Ne pas garder rancune.

« Vous savez qu'il a été dit aux anciens : Tu ne tueras point ; celui qui tue mérite d'être puni par les juges. Mais moi, je vous dis que quiconque se met en colère contre son frère mérite d'être puni par les juges ; que celui qui maudit son frère mérite le feu de l'enfer.

« Si donc, quand tu présentes ton offrande à l'autel, tu te souviens que ton frère a quelque chose contre toi, laisse là ton offrande devant l'autel et va d'abord te réconcilier avec ton frère ; puis viens présenter ton offrande.

27

Ne pas jurer en vain.

« Vous savez aussi qu'il a été dit aux anciens : Tu ne te parjureras point, mais tu t'acquitteras envers le Seigneur de tes serments. Mais moi, je vous dis de ne jurer aucunement, ni par le ciel qui est le trône de Dieu ; ni par la terre, qui est son marchepied ; ni par Jérusalem, qui est la ville du grand roi. Ne jure pas non plus par ta tête, car tu ne peux en rendre un seul cheveu blanc ou noir. Que votre parole soit simplement Oui ou Non. Tout ce qui se dit de plus vient du Malin.

Pardonner les offenses.

« Vous savez qu'il a été dit : Œil pour œil et dent pour dent. Mais moi, je vous dis de ne pas résister au méchant. Si quelqu'un te frappe sur la joue droite, tends-lui encore l'autre. Si quelqu'un veut plaider contre toi pour avoir ta tunique, laisse-lui même ton manteau. Si quelqu'un te requiert pour une course d'un mille, fais-en deux avec lui. Donne à qui te demande, et si quelqu'un veut t'emprunter, ne te dérobe pas.

Aimer ses ennemis.

« Vous avez appris qu'il a été dit : Tu aimeras ton prochain, et tu haïras ton ennemi. Mais moi, je vous dis : Aimez vos ennemis, faites du bien à ceux qui vous haïssent et priez pour ceux qui vous persécutent, afin que vous soyez les enfants de votre Père du ciel. Car il fait lever son soleil sur les bons et sur les méchants, et donne sa pluie aux justes et aux injustes.

« Si vous aimez ceux qui vous aiment, quelle récompense méritez-vous ? Les publicains eux-mêmes n'en font-ils pas autant ? Et si vous ne saluez que vos frères, que faites-vous d'extraordinaire ? Les païens eux-mêmes n'en font-ils pas autant ? Vous donc, soyez parfaits comme votre Père céleste est parfait.

Faire le bien en secret.

« Gardez-vous de faire vos bonnes œuvres devant les hommes, pour être vus d'eux : autrement vous n'aurez pas de récompense auprès de votre Père du ciel. Lorsque tu fais l'aumône, ne sonne pas de la trompette devant toi, comme font les hypocrites dans les synagogues et dans les rues, afin d'être honorés des hommes. Je vous le dis en vérité, ils ont là leur récompense. Mais quand tu fais l'aumône, que ta main gauche ignore ce que fait la droite, afin que ton aumône soit dans le secret ; et ton Père, qui voit dans le secret, te le rendra.

La Prière du Seigneur.

« Lorsque vous priez, ne faites pas comme les hypocrites, qui aiment à prier debout dans les synagogues et au coin des rues, afin qu'on les voie. En vérité, je vous le dis, c'est là leur récompense.

« Pour toi, quand tu veux prier, entre dans ta chambre, ferme ta porte et prie ton Père, qui est là, dans le secret ; et ton Père, qui voit dans le secret, te le rendra.

« En priant, ne multipliez pas de vaines paroles, comme les païens, qui s'imaginent être exaucés à force de paroles. Ne leur ressemblez pas, car votre Père sait bien ce qu'il vous faut, avant que vous le lui demandiez.

« Voici donc comment vous prierez :

NOTRE PÈRE

Qui êtes aux cieux,
Que votre nom soit sanctifié.
Que votre règne arrive ;
Que votre volonté soit faite
Sur la terre comme au ciel.
Donnez-nous aujourd'hui
Notre pain quotidien.
Remettez-nous nos péchés
Comme nous remettons à nos débiteurs.
Et ne nous soumettez pas à la tentation,
Mais délivrez-nous du mal.

« Car si vous pardonnez aux hommes leurs offenses, votre Père céleste vous pardonnera aussi ; mais si vous ne pardonnez pas aux hommes, votre Père ne vous pardonnera pas non plus vos offenses.

Dieu et l'argent.

« Ne vous amassez pas des trésors sur la terre, où la rouille et les vers les détruisent, et où les voleurs percent et dérobent. Mais amassez-vous des trésors dans le ciel : là, point de vers ni de rouille qui détruisent, point de voleurs qui percent et dérobent. Or, là où est ton trésor, là aussi sera ton cœur.

« La lampe du corps, c'est l'œil. Si ton œil est sain, tout ton corps sera dans la lumière ; mais si ton œil est mauvais, tout ton corps sera dans les ténèbres. Si donc la lumière qui est en toi s'obscurcit, combien grandes seront ces ténèbres.

« Nul ne peut servir deux maîtres : ou il haïra l'un et aimera l'autre, ou il s'attachera à l'un et méprisera l'autre. Vous ne pouvez servir Dieu et l'argent.

Parabole de l'homme riche.

« Puis il leur dit cette parabole : Les terres d'un homme riche avaient beaucoup rapporté. Et il se disait en lui-même : Que faire ? car je n'ai pas de place pour loger ma récolte.

« Puis il se dit : Voici ce que je ferai : J'abattrai mes greniers, j'en ferai de plus grands, j'y amasserai toute ma récolte et tous mes biens ; et je dirai à mon âme : Mon âme, tu as des biens en réserve pour de nombreuses années ; repose-toi, mange, bois, fais la fête.

« Mais Dieu lui dit : Insensé ! cette nuit même on va te redemander ton âme ; et ce que tu as mis en réserve, qui en jouira ?

« Ainsi en est-il de celui qui amasse des trésors pour lui-même et qui n'est pas riche devant Dieu.

« Cherchez plutôt le royaume de Dieu, et tout le reste vous sera donné par surcroît.

La Leçon des Lis.

« C'est pourquoi je vous dis : Ne vous inquiétez pas pour votre vie, de ce que vous mangerez ; ni pour votre corps, de quoi vous le vêtirez. La vie n'est-elle pas plus que la nourriture, et le corps plus que le vêtement ?

« Regardez les oiseaux du ciel : ils ne sèment ni ne moissonnent, ni ne font des provisions dans des greniers, et votre Père céleste les nourrit. Ne valez-vous pas plus qu'eux ?

« Qui de vous, en s'évertuant, peut ajouter une coudée à sa taille ?

« Et pourquoi vous inquiéter au sujet du vêtement ? Observez les lis des champs, comment ils croissent : ils ne travaillent ni ne filent ; et cependant, je vous le dis, Salomon même dans toute sa gloire n'a pas été vêtu comme l'un d'eux.

« Si Dieu revêt ainsi l'herbe des champs, qui fleurit aujourd'hui, et demain sera brûlée, ne fera-t-il pas pour vous bien davantage, ô gens de peu de foi ?

« Ne vous inquiétez donc point, en disant : Que mangerons-nous, ou que boirons-nous, ou de quoi nous vêtirons-nous ? (Ce sont les païens qui ont de tels soucis). Votre Père céleste sait que vous en avez besoin. Cherchez d'abord le royaume de Dieu et sa justice, et tout cela vous sera donné par surcroît.

« Ne vous inquiétez donc pas du lendemain : à chaque jour suffit sa peine.

Ne pas juger son prochain.

« Ne jugez point, afin de n'être point jugés. Car on vous jugera comme vous jugez les autres, et l'on vous mesurera avec la même mesure dont vous vous servez.

« Pourquoi vois-tu la paille qui est dans l'œil de ton frère, et ne vois-tu pas la poutre qui est dans le tien ?

« Ou comment peux-tu dire à ton frère : Laisse-moi ôter la paille de ton œil, toi qui as une poutre dans le tien ? Hypocrite, ôte d'abord la poutre de ton œil, et alors tu verras à ôter la paille de l'œil de ton frère.

« Ne donnez pas aux chiens les choses sacrées, et ne jetez pas les perles aux pourceaux, de peur qu'ils ne les foulent aux pieds, et qu'ils ne se tournent contre vous pour vous déchirer.

Demandez, et vous recevrez.

« Demandez, et l'on vous donnera. Cherchez et vous trouverez. Frappez, et l'on vous ouvrira. Car quiconque demande reçoit, qui cherche trouve, et l'on ouvre à celui qui frappe.

« Qui de vous, si son fils lui demande du pain, lui donnera une pierre ? Ou, s'il lui demande un poisson, lui donnera un serpent ? Si donc, méchants comme vous l'êtes, vous savez donner de bonnes choses à vos enfants, combien plus votre Père du ciel en donnera-t-il de bonnes à ceux qui le prient.

La Règle d'or.

« Tout ce que vous voulez que les autres vous fassent, faites-le aussi pour eux, car c'est la Loi et les Prophètes.

« Entrez par la porte étroite ; car la porte large et la voie spacieuse conduisent à la perdition, et nombreux sont ceux qui y passent. Mais étroite est la porte et resserrée la voie qui mènent à la vie, et il y en a peu qui les trouvent.

Le grain de sénevé.

Il dit encore : « A quoi le royaume de Dieu est-il semblable, et à quoi le comparerai-je ?

« Il est semblable à un grain de sénevé qu'un homme a pris et jeté dans son jardin : il pousse, devient un grand arbre, et les oiseaux du ciel font leur nid dans ses branches.

Être prêt pour le Royaume.

« Ne craignez rien, petit troupeau ; car il a plu à votre Père de vous donner son royaume.

« Vendez ce que vous avez, et donnez-le aux pauvres. Faites-vous des bourses qui ne s'usent point, un trésor inépuisable dans les cieux, où les voleurs n'ont point d'accès et où les vers ne rongent point. Car là où est votre trésor, là aussi sera votre cœur.

« Ayez aux reins la ceinture, et dans vos mains la lampe allumée, comme des hommes qui attendent que leur maître revienne des noces, afin de lui ouvrir dès qu'il arrivera et frappera.

« Heureux ces serviteurs que le maître, à son retour, trouvera vigilants ! Je vous le dis en vérité, il se ceindra, les fera mettre à table et s'approchera pour les servir.

« Et s'il arrive au milieu de la nuit ou sur le matin et qu'il les trouve ainsi, heureux ces serviteurs !

« Vous aussi, soyez prêts, car le Fils de l'homme viendra à l'heure que vous ne pensez pas.

La maison bâtie sur le roc.

« Tout homme donc qui entend ces paroles que je dis et les met en pratique sera semblable à un homme sage qui a bâti sa maison sur le roc. La pluie est tombée, les torrents sont venus, les vents ont soufflé et ont battu cette maison : elle n'est point tombée, car elle était fondée sur le roc.

« Mais quiconque entend ces paroles que je dis sans les mettre en pratique sera semblable à un insensé qui a bâti sa maison sur le sable. La pluie est tombée, les torrents sont venus, les vents ont soufflé et ont battu cette maison ; elle est tombée, et grande a été sa ruine. »

Quand Jésus eut achevé son discours, le peuple fut dans l'admiration de sa doctrine, car il les instruisait comme ayant autorité, et non pas comme leurs Scribes.

LA PAROLE DU ROYAUME DE DIEU

LE PARDON

UN Pharisien pria Jésus de manger avec lui. Jésus entra dans sa maison et se mit à table. Et voici qu'une femme pécheresse qui se trouvait dans la ville, ayant su qu'il était à table dans la maison du Pharisien, apporta un vase d'albâtre plein de parfum. Et se tenant derrière lui, à ses pieds, tout en pleurs, elle se mit à les mouiller de ses larmes et à les essuyer avec ses cheveux, et elle les baisait et les oignait de parfum.

A cette vue, le Pharisien qui l'avait invité se dit en lui-même : « Si cet homme était prophète, il saurait quelle est la femme qui le touche, et que c'est une pécheresse. »

Alors Jésus lui dit : « Simon, j'ai quelque chose à te dire. »

« Maître, parlez, » répondit-il.

« Un créancier avait deux débiteurs : l'un lui devait beaucoup et l'autre peu. Comme ils n'avaient pas de quoi payer, il leur remit leur dette à tous deux. Lequel des deux l'en aimera le plus ? »

Simon répondit : « Celui-là, je pense, auquel il a remis le plus. »

Jésus lui dit : « Tu as bien jugé ». Puis, se tournant vers la femme, il dit à Simon : « Vois-tu cette femme ? Je suis entré dans ta maison, et tu ne m'as pas donné d'eau pour laver mes pieds ; mais elle, elle les a mouillés de ses larmes et les a essuyés avec ses cheveux. Tu ne m'as pas donné de baiser ; mais elle, depuis que je suis entré, elle n'a point cessé de me baiser les pieds. Tu n'as point versé d'huile sur ma tête ; mais elle a versé du parfum sur mes pieds.

« C'est pourquoi, je te le dis, ses nombreux péchés lui sont pardonnés, parce qu'elle a beaucoup aimé. Mais celui à qui on pardonne peu, aime peu. »

Puis il dit à la femme : « Tes péchés sont pardonnés. »

Ceux qui étaient à table avec lui se dirent en eux-mêmes : « Qui est celui-ci qui pardonne les péchés ? »

Mais Jésus dit à la femme : « Ta foi t'a sauvée ; va en paix. »

ENTRETIEN DE JÉSUS AVEC NICODÈME

IL y avait parmi les Pharisiens un certain Nicodème, un des notables juifs. Il vint de nuit trouver Jésus et lui dit : « Maître, nous le savons, vous êtes un docteur qui vient de la part de Dieu, car personne ne peut faire les miracles que vous faites, si Dieu n'est avec lui. »

Jésus lui répondit : « En vérité, en vérité je te le dis : personne, à moins de naître de l'eau et de l'Esprit, ne peut entrer dans le royaume de Dieu. Dieu a tant aimé le monde, qu'il a donné son Fils unique, pour que tout homme qui croit en lui ne périsse point, mais ait la vie éternelle.

« Car Dieu n'a pas envoyé son Fils dans le monde pour condamner le monde, mais pour que le monde soit sauvé par lui. Qui croit en lui n'est pas condamné ; qui ne croit pas est déjà condamné, parce qu'il n'a pas cru au nom du Fils unique de Dieu.

« Et voici la cause de cette condamnation : La lumière est venue dans le monde, et les hommes ont préféré les ténèbres à la lumière, parce que leurs œuvres étaient mauvaises. »

PARABOLE DU SEMEUR

ENSUITE Jésus allait de ville en ville et de village en village, prêchant et annonçant la bonne nouvelle du royaume de Dieu. Les Douze étaient avec lui.

Il y avait aussi plusieurs femmes, qui avaient été guéries d'esprits malins et de maladies : Marie, appelée Madeleine, de laquelle étaient sortis sept démons, Jeanne, femme de Chusa, intendant d'Hérode, Suzanne et quelques autres qui l'assistaient de leurs biens.

Comme une grande foule s'assemblait et que des gens venaient à lui de toutes parts, Jésus dit cette parabole :

« Un semeur sortit pour semer. Comme il semait, une partie de la semence tomba le long du chemin : elle fut foulée aux pieds, et les oiseaux du ciel la mangèrent.

« Une autre tomba sur la pierre : quand elle fut levée, elle sécha faute d'humidité.

« Une autre tomba dans les épines : les épines, croissant avec elle, l'étouffèrent.

« Une autre tomba dans la bonne terre : quand elle fut levée, elle donna du fruit au centuple. »

Après avoir ainsi parlé, il ajouta :

« Que celui qui a des oreilles pour entendre, entende ! »

Ses disciples lui demandèrent ce que signifiait cette parabole.

Il leur dit : « A vous il est donné de connaître les mystères du royaume de Dieu, tandis qu'aux autres il est annoncé en parabole, afin qu'en voyant ils ne voient point (la vérité), et qu'en entendant ils ne comprennent point.

« Voici donc le sens de la parabole :

« La semence, c'est la parole de Dieu. Le chemin qui a reçu la semence, ce sont ceux qui entendent la parole ; puis le démon vient et l'enlève de leur cœur, de peur qu'ils ne croient et ne soient sauvés.

« La pierre où est tombée la semence, ce sont ceux qui, entendant la parole, la reçoivent avec joie ; mais ils n'ont point de racine : ils croient pour un temps, et ils succombent à l'heure de la tentation.

« Les épines où la semence est tombée, ce sont ceux qui, ayant entendu la parole, s'en vont et la laissent étouffer par les soucis, la richesse et les plaisirs de la vie, et ils ne portent point de fruit.

« Mais la bonne terre qui a reçu la semence, ce sont ceux qui, ayant entendu la parole avec un cœur noble et généreux, la gardent et produisent du fruit par leur persévérance.

« Prenez donc garde à la manière dont vous écoutez ; car on donnera à celui qui a ; mais à celui qui n'a pas, on ôtera même ce qu'il croit avoir. »

LA TEMPÊTE APAISÉE

UN jour, Jésus monta en barque avec ses disciples, et leur dit : « Passons sur l'autre rive du lac. » Et ils partirent.

Au cours de la traversée, il s'endormit. Un vent impétueux s'éleva alors sur le lac ; la barque s'emplissait d'eau et ils étaient en danger.

Les disciples réveillèrent Jésus, en disant : « Maître, maître, nous périssons ! »

Il se leva, commanda au vent et aux flots, qui s'apaisèrent, et le calme revint.

Puis il leur dit : « Où est votre foi ? »

Ils furent saisis de crainte et d'admiration, et ils se disaient entre eux : « Quel est donc celui-ci qui commande au vent et à la mer, et qui en est obéi ? »

JÉSUS CHASSE LES DÉMONS

JÉSUS et ses disciples abordèrent au pays des Géraséniens, qui est vis-à-vis de la Galilée. Lorsque Jésus fut descendu à terre, il vint au-devant de lui un homme de la ville qui était depuis longtemps possédé du démon ; il ne portait aucun vêtement et n'avait point d'autre habitation que les tombeaux.

Dès qu'il vit Jésus, il poussa un cri, se jeta à ses pieds et dit d'une voix forte : « Que me voulez-vous, Jésus, Fils du Très-Haut ? De grâce, ne me tourmentez pas. »

Car Jésus commandait à l'esprit impur de sortir de cet homme, dont il s'était emparé depuis longtemps ; on le gardait lié de chaînes et les fers aux pieds, mais il rompait ses liens, et le démon l'entraînait dans les déserts.

Jésus lui demanda : « Quel est ton nom ? »

« Légion », répondit-il, car beaucoup de démons étaient en lui. Et ils suppliaient Jésus de ne pas leur ordonner d'aller dans l'abîme.

Or il y avait là un grand troupeau de porcs qui paissaient sur la montagne ; ils le prièrent de leur permettre d'entrer en eux, et il le leur permit.

Alors les démons sortirent de cet homme, entrèrent dans les porcs, et le troupeau se précipita des pentes escarpées dans le lac et s'y noya.

A cette vue, les gardiens s'enfuirent et répandirent la nouvelle à la ville et dans les villages.

Les gens sortirent pour voir ce qui était arrivé ; ils vinrent à Jésus et trouvèrent l'homme de qui les démons étaient sortis, assis à ses pieds, vêtu et sain d'esprit ; et ils furent remplis de frayeur.

Les témoins de ce fait leur racontèrent comment le possédé avait été guéri.

Alors tous les habitants d'alentour prièrent Jésus de s'éloigner d'eux, car ils étaient saisis d'une grande crainte. Jésus monta donc dans la barque et s'en retourna de l'autre côté du lac.

LA FILLE DE JAÏRE

A son retour, un homme nommé Jaïre, qui était chef de la synagogue, vint se jeter à ses pieds, le suppliant d'aller chez lui, parce qu'il avait une fille unique, âgée d'environ douze ans, qui se mourait.

Pendant que Jésus s'y rendait, la foule le pressait de toutes parts. Or une femme, atteinte d'une perte de sang depuis douze ans, et que nul médecin n'avait pu guérir, s'approcha de lui par derrière et toucha la frange de son vêtement. A l'instant la perte de sang s'arrêta.

Jésus dit : « Qui m'a touché ? »

Comme tous s'en défendaient, Pierre et ceux qui étaient avec lui dirent : « Maître, la foule vous entoure et vous presse, et vous demandez : Qui m'a touché ? »

Jésus répondit : « Quelqu'un m'a touché, car j'ai senti qu'une force était sortie de moi. »

La femme, se voyant découverte, vint toute tremblante se jeter à ses pieds et déclara devant tout le peuple pourquoi elle l'avait touché, et comment elle avait été guérie à l'instant.

Jésus lui dit : « Ma fille, ta foi t'a sauvée ; va en paix. »

Comme il parlait encore, quelqu'un vint trouver le chef de la synagogue pour lui dire : « Ta fille est morte ; ne dérange plus le Maître. »

Mais Jésus, qui avait entendu, dit au père : « Ne crains pas, crois seulement, et elle sera sauvée. »

Arrivé à la maison, il ne laissa personne entrer avec lui, si ce n'est Pierre, Jacques et Jean, ainsi que le père et la mère de la jeune fille.

Tous pleuraient et se lamentaient sur elle. Jésus leur dit : « Ne pleurez pas ; elle n'est pas morte, mais elle dort. »

Ils se moquaient de lui, sachant bien qu'elle était morte. Mais il la prit par la main et dit à haute voix : « Petite fille, lève-toi. »

L'esprit lui revint, et elle se leva à l'instant ; et Jésus les invita à lui donner à manger.

Ses parents furent dans l'admiration, mais il leur enjoignit de ne dire à personne ce qui était arrivé.

MULTIPLICATION DES PAINS

JÉSUS prit les apôtres avec lui et se retira à l'écart dans un lieu désert, près de Bethsaïde. Mais les foules, l'ayant appris, le suivirent. Il les accueillit, leur parla du royaume de Dieu et guérit ceux qui avaient besoin de l'être.

Comme le jour commençait à baisser, les Douze vinrent lui dire : « Renvoyez cette foule, afin qu'elle aille dans les villages et les hameaux d'alentour, pour se loger et se nourrir : nous sommes ici dans un lieu désert. »

Il leur répondit : « Donnez-leur vous-mêmes à manger. »

Ils lui dirent : « Nous n'avons que cinq pains et deux poissons, à moins que nous n'allions acheter des vivres pour tout ce monde. » Car ils étaient cinq mille environ.

Jésus dit à ses disciples : « Faites-les asseoir par groupes de cinquante. » Ils obéirent et les firent tous asseoir.

Alors il prit les cinq pains et les deux poissons, et levant les yeux au ciel, il les bénit, les rompit et les donna à ses disciples pour les distribuer à la foule.

Tous mangèrent à satiété, et des morceaux qui restaient, on emporta douze corbeilles pleines.

LES CLEFS DU ROYAUME

UN jour, Jésus demanda à ses disciples : « Qui dit-on que je suis ? »

Ils répondirent : « Les uns disent que vous êtes Jean-Baptiste, d'autres Elie, d'autres Jérémie ou quelque prophète ressuscité. »

« Et vous, » leur dit-il, « qui dites-vous que je suis ? »

Simon-Pierre répondit : « Vous êtes le Christ, le Fils du Dieu vivant. »

Jésus lui dit : « Tu es heureux, Simon, fils de Jonas, car ce n'est pas la chair et le sang qui te l'ont révélé, mais c'est mon Père qui est dans les cieux. Et moi je te dis que tu es Pierre, et sur cette pierre je bâtirai mon Eglise, et les portes de l'Enfer ne prévaudront point contre elle. Je te donnerai les clefs du royaume des cieux : tout ce que tu lieras sur la terre sera lié dans les cieux, et tout ce que tu délieras sur la terre sera délié dans les cieux. »

Puis il défendit formellement à ses disciples de dire cela à personne. Car, ajouta-t-il, « il faut que le Fils de l'homme souffre beaucoup, qu'il soit rejeté par les Anciens, les Princes des prêtres et les Scribes, qu'il soit mis à mort et qu'il ressuscite le troisième jour. »

Puis il dit à tous : « Si quelqu'un veut être mon disciple, qu'il se renonce lui-même, qu'il prenne sa croix et me suive.

« Car celui qui voudra sauver sa vie la perdra, mais celui qui perdra sa vie à cause de moi la sauvera.

« Que sert à l'homme de gagner l'univers, s'il· vient à perdre son âme ?

« Et si quelqu'un rougit de moi et de mes paroles, le Fils de l'homme rougira de lui, lorsqu'il viendra dans sa gloire, et dans celle du Père et des saints anges. Je vous le dis en vérité, quelques-uns de ceux qui sont ici ne mourront point qu'ils n'aient vu le Fils de l'homme venir dans son règne. »

LA TRANSFIGURATION

UNE semaine plus tard, il prit Pierre, Jacques et Jean, et monta sur la montagne pour prier. Et comme il priait, l'aspect de son visage changea, et ses vêtements devinrent éblouissants de blancheur.

Et voilà que deux hommes conversaient avec lui : c'étaient Moïse et Elie, apparaissant dans la gloire ; ils parlaient de la mort qui l'attendait à Jérusalem.

Pierre et ses compagnons qui dormaient, accablés de sommeil, s'éveillèrent. Ils virent Jésus dans sa gloire, et les deux hommes qui se tenaient avec lui.

Au moment où ceux-ci se retiraient, Pierre dit à Jésus : « Maître, il nous est bon d'être ici ; dressons trois tentes, une pour vous, une pour Moïse et une pour Elie. » Il ne savait trop ce qu'il disait.

Comme il parlait ainsi, une nuée vint les couvrir, et les disciples eurent une grande frayeur.

Et de la nuée sortit une voix qui disait : « Celui-ci est mon Fils bien-aimé. Ecoutez-le. »

En l'entendant, les disciples tombèrent la face contre terre, tout effrayés.

Mais Jésus, s'approchant, les toucha et leur dit : « Levez-vous ; ne craignez point. »

Et quand ils levèrent les yeux, ils ne virent plus que Jésus seul.

Comme ils descendaient de la montagne, Jésus leur fit cette défense : « Ne parlez à personne de cette vision, jusqu'à ce que le Fils de l'homme soit ressuscité des morts. »

PUISSANCE DE LA FOI

JÉSUS étant retourné vers le peuple, un homme s'approcha et, se jetant à ses genoux, lui dit : « Seigneur, ayez pitié de mon fils qui est lunatique et qui souffre cruellement ; souvent il tombe dans le feu et souvent dans l'eau. Je l'ai amené à vos disciples, et ils n'ont pas pu le guérir. »

Jésus menaça le démon, et celui-ci sortit de l'enfant, qui fut guéri sur l'heure.

Alors les disciples vinrent trouver Jésus en particulier et lui dirent : « Pourquoi n'avons-nous pas pu le chasser ? »

Et Jésus leur dit : « A cause de votre manque de foi, car je vous le dis en vérité, si seulement vous aviez de la foi gros comme un grain de sénevé, vous diriez à cette montagne : Passe d'ici là-bas, et elle y passerait ; et rien ne vous serait impossible. »

JÉSUS ET LES PETITS ENFANTS

LES disciples discutaient sur la question de savoir lequel d'entre eux était le plus grand. Jésus, comprenant la pensée de leur cœur, fit venir un petit enfant et le plaça au milieu d'eux.

Et il leur dit : « En vérité je vous le dis, si vous ne changez vos cœurs et si vous ne devenez comme de petits enfants, vous n'entrerez point dans le royaume des cieux. C'est pourquoi quiconque se fera humble comme ce petit enfant sera le plus grand dans le royaume des cieux. Et quiconque reçoit en mon nom un petit enfant comme celui-ci, c'est moi qu'il reçoit.

« Mais celui qui scandalisera un de ces petits qui croient en moi, il vaudrait mieux pour lui qu'on suspendît à son cou une meule de moulin et qu'on le jetât au fond de la mer.

« Gardez-vous de mépriser aucun de ces petits : car, je vous le dis, leurs anges au ciel voient sans cesse la face de mon Père des cieux. »

JÉSUS INSTRUIT SES DISCIPLES

PENDANT qu'ils étaient en chemin, un homme lui dit : « Seigneur, je vous suivrai partout où vous irez. »

Jésus lui répondit : « Les renards ont des tanières, les oiseaux du ciel ont des nids, mais le Fils de l'homme n'a rien où reposer sa tête. »

Il dit à un autre : « Suis-moi. » Celui-ci répondit : « Seigneur, permettez-moi d'aller d'abord ensevelir mon père. »

Mais Jésus lui dit : « Laisse les morts ensevelir leurs morts ; pour toi, va annoncer le royaume de Dieu. »

Un autre lui dit encore : « Je vous suivrai, Seigneur, mais laissez-moi d'abord prendre congé des miens. »

Jésus lui répondit : « Quiconque met la main à la charrue et regarde en arrière est impropre au royaume de Dieu. »

Après cela, le Seigneur désigna encore soixante-douze autres disciples et les envoya en avant de lui, deux par deux, dans toutes les villes et localités où lui-même devait aller.

Il leur dit : « La moisson est grande, mais les ouvriers sont peu nombreux. Priez donc le Maître de la moisson d'envoyer des ouvriers à sa moisson.

« Partez ! Voici que je vous envoie comme des agneaux parmi les loups. N'emportez ni bourse, ni sac, ni chaussures, et ne saluez personne en chemin.

« En quelque maison que vous entriez, dites d'abord : Paix à cette maison ! Et s'il s'y trouve un enfant de paix, votre paix reposera sur lui ; sinon, elle reviendra à vous.

« Demeurez dans cette maison-là, mangeant et buvant ce qu'il y aura chez eux ; car l'ouvrier mérite son salaire. N'allez pas de maison en maison. Dans toute ville où vous entrerez et où l'on vous accueillera, mangez ce qui vous sera servi ; guérissez les malades qui s'y trouvent, et dites aux gens : Le royaume de Dieu est proche de vous.

« Mais dans toute ville où vous serez entrés, et où l'on ne vous accueillera pas, allez par les rues et dites : La poussière même de votre ville, qui s'est attachée à nos pieds, nous la secouons contre vous ; sachez cependant que le royaume de Dieu est proche.

« Je vous le dis, en ce jour-là, il y aura moins de rigueur pour Sodome que pour cette ville. Car qui vous écoute m'écoute, et qui vous méprise me méprise ; or celui qui me méprise, méprise celui qui m'a envoyé. »

A leur retour, les soixante-douze étaient tout joyeux et disaient : « Seigneur, les démons eux-mêmes nous sont soumis en votre nom. »

Jésus leur répondit : « Ne vous réjouissez pas de ce que les esprits vous sont soumis ; réjouissez-vous de ce que vos noms sont inscrits dans les cieux. »

LE BON SAMARITAIN

ALORS se leva un docteur de la Loi, qui lui dit pour l'éprouver : « Maître, que dois-je faire pour avoir la vie éternelle ? »

Jésus lui dit : « Qu'est-il écrit dans la Loi ? Qu'y lis-tu ? »

Il répondit : « Tu aimeras le Seigneur ton Dieu de tout ton cœur, de toute ton âme, de toute ta force et de tout ton esprit, et ton prochain comme toi-même. »

Jésus lui dit : « Tu as bien répondu ; fais cela et tu vivras. »

Mais lui, voulant se justifier, dit à Jésus : « Et qui est mon prochain ? »

Jésus reprit : « Un homme descendait de Jérusalem à Jéricho ; il tomba aux mains des brigands qui, après l'avoir dépouillé et roué de coups, s'en allèrent, le laissant à demi mort.

« Un prêtre, par hasard, descendait par ce chemin ; il le vit et passa outre.

« Un lévite arriva à son tour en ce lieu ; il le vit et passa outre.

« Mais un Samaritain, qui était en voyage, passant par là, le vit et fut touché de compassion. Il s'approcha, banda ses plaies, y versant de l'huile et du vin, puis il le mit sur sa propre monture, le conduisit à une hôtellerie et prit soin de lui.

« Le lendemain, il tira deux deniers, les donna à l'hôtelier, en disant : Aie soin de lui, et ce que tu dépenseras en supplément, je te le rendrai à mon retour.

« Eh bien ! lequel des trois, à ton avis, a été le prochain de l'homme tombé aux mains des brigands ? »

Il répondit : « C'est celui qui a pratiqué la miséricorde à son égard. »

Jésus ajouta : « Va, et fais de même. »

MARTHE ET MARIE

EN cours de route, Jésus entra dans un village, et une femme, nommée Marthe, le reçut dans sa maison.

Elle avait une sœur, nommée Marie, qui, s'étant assise aux pieds de Jésus, écoutait sa parole.

Marthe, elle, était tout occupée des soins du service. A un moment donné, elle vint à Jésus et lui dit : « Seigneur, cela ne vous fait-il rien que ma sœur me laisse seule pour servir ? Dites-lui donc de m'aider. »

Le Seigneur lui répondit : « Marthe, Marthe, vous vous inquiétez et vous agitez pour beaucoup de choses. Pourtant une seule est nécessaire. Marie a choisi la meilleure part ; elle ne lui sera point ôtée. »

PARABOLES DU PARDON

LA BREBIS PERDUE

TOUS les publicains et les pécheurs s'approchaient de Jésus pour l'entendre. Et les Pharisiens et les Scribes murmuraient, disant : « Cet homme accueille des pécheurs et mange avec eux. » Jésus leur dit alors cette parabole :

« Lequel d'entre vous, s'il a cent brebis et vient à en perdre une, ne laisse les quatre-vingt-dix-neuf autres dans le désert, pour aller en quête de celle qui est perdue, jusqu'à ce qu'il la trouve ? Et quand il l'a trouvée, il la met avec joie sur ses épaules et, de retour chez lui, il appelle ses amis et voisins et leur dit : Réjouissez-vous avec moi, car j'ai retrouvé ma brebis qui était perdue.

« Et, je vous le dis en vérité, il tire plus de joie d'elle que des quatre-vingt-dix-neuf qui ne se sont pas égarées. De même, il y a plus de joie dans le ciel pour un seul pécheur qui se repent que pour quatre-vingt-dix-neuf justes, qui n'ont pas besoin de repentir.

« Ou bien, quelle est la femme qui, si elle a dix pièces d'argent et vient à en perdre une, n'allume la lampe, ne balaie la maison et ne cherche avec soin, jusqu'à ce qu'elle la trouve ? Et quand elle l'a trouvée, elle appelle ses amies et voisines et leur dit : Réjouissez-vous avec moi, car j'ai retrouvé la pièce que j'avais perdue.

« De même, je vous le dis, il y a de la joie parmi les anges de Dieu pour un seul pécheur qui se repent. »

L'ENFANT PRODIGUE

JÉSUS dit encore : « Un homme avait deux fils. Le plus jeune dit à son père : Père, donne-moi ma part d'héritage. Et le père fit son partage entre eux.

« Peu de jours après, le plus jeune fils rassembla tout son avoir et partit pour un pays lointain, où il dissipa sa fortune en vivant dans la débauche.

« Quand il eut tout dépensé, une grande famine survint dans ce pays et il commença à sentir le besoin. Il alla se mettre au service d'un habitant du pays, qui l'envoya dans ses champs garder les cochons. Il aurait bien voulu se rassasier des caroubes que mangeaient les cochons, mais personne ne lui en donnait.

« Alors, rentrant en lui-même, il se dit : Combien de serviteurs de mon père ont du pain en abondance, tandis que moi je meurs de faim !

« Je me lèverai, j'irai vers mon père et je lui dirai : Père, j'ai péché contre le ciel et contre toi ; je ne mérite plus d'être appelé ton fils : traite-moi comme l'un de tes serviteurs.

« Il se leva donc et alla vers son père. Comme il était encore loin, son père le vit et fut touché de pitié ; il courut se jeter à son cou et l'embrasser.

« Son fils lui dit : Père, j'ai péché contre le ciel et contre toi ; je ne mérite plus d'être appelé ton fils.

« Mais le père dit à ses serviteurs : Apportez la plus belle robe pour l'en revêtir, mettez-lui un anneau au doigt et des chaussures aux pieds. Prenez le veau gras, tuez-le, mangeons et festoyons, car mon fils que voici était mort et il est revenu à la vie ; il était perdu et il est retrouvé. Et ils se mirent à festoyer.

« Or le fils aîné était dans les champs. Lorsqu'il revint et approcha de la maison, il entendit de la musique et des danses. Appelant un des serviteurs, il lui demanda ce que c'était.

« Le serviteur lui dit : Votre frère est de retour et votre père a tué le veau gras, parce qu'il l'a retrouvé en bonne santé.

« Il se mit en colère et ne voulut pas entrer. Son père sortit pour l'en prier.

« Il répondit à son père : Voilà tant d'années que je te sers, sans avoir jamais transgressé un seul de tes ordres, et jamais tu ne m'as donné, à moi, un chevreau pour festoyer avec mes amis !

« Et quand ton autre fils revient, après avoir mangé ton bien, tu tues pour lui le veau gras !

« Mais le père lui dit : Mon fils, tu es toujours avec moi, et tout ce que j'ai est à toi. Mais il fallait bien festoyer et se réjouir, puisque ton frère que voici était mort et qu'il est revenu à la vie ; il était perdu et il est retrouvé. »

PARABOLES DE LA JUSTICE DE DIEU

LES OUVRIERS DE LA VIGNE

LE royaume des cieux est semblable à un chef de famille qui sortit de bon matin, afin de louer des ouvriers pour sa vigne. Il convint avec eux d'un denier pour la journée et les envoya à sa vigne.

Il sortit vers la troisième heure et en vit d'autres qui étaient sur la place sans rien faire. Il leur dit : « Allez, vous aussi, à ma vigne, et je vous donnerai un juste salaire. » Et ils y allèrent.

Il sortit à nouveau vers la sixième et la neuvième heure, et fit de même. Vers la onzième heure, il sortit encore, en trouva d'autres qui étaient là, désœuvrés, et leur dit : « Pourquoi restez-vous ici tout le jour sans travailler ? »

Ils lui répondirent : « C'est que personne ne nous a employés. »

Il leur dit : « Allez, vous aussi, à ma vigne. »

Le soir venu, le maître de la vigne dit à son intendant : « Appelle les ouvriers et donne à chacun son salaire, en commençant par les derniers. »

Ceux de la onzième heure se présentèrent et reçurent un denier chacun. Les premiers vinrent à leur tour, pensant recevoir davantage ; mais ils reçurent aussi un denier chacun.

En le recevant, ils murmuraient contre le chef de famille, en disant : « Ces derniers n'ont travaillé qu'une heure, et tu les traites comme nous, qui avons supporté la fatigue du jour et la chaleur. »

Mais il répondit à l'un d'eux : « Mon ami, je ne te fais pas tort : n'es-tu pas convenu avec moi d'un denier ? Prends ce qui te revient et va-t'en. Je veux donner à ce dernier autant qu'à toi. N'ai-je pas le droit de disposer à mon gré de ce qui m'appartient ? ou faut-il que tu sois jaloux parce que je suis bon ? »

Ainsi les derniers seront les premiers, et les premiers, les derniers.

LE MAUVAIS RICHE

IL y avait un homme riche, qui était vêtu de pourpre et de fin lin et qui faisait tous les jours bonne chère. Un pauvre, nommé Lazare, gisait à sa porte, tout couvert d'ulcères. Il aurait bien voulu se rassasier des miettes qui tombaient de la table du riche. Les chiens eux-mêmes venaient lécher ses ulcères.

Or le pauvre mourut et fut porté par les anges dans le sein d'Abraham. Le riche aussi mourut et fut enseveli. Dans le séjour des morts, en proie aux tourments, il leva les yeux et vit de loin Abraham et Lazare dans son sein.

Il s'écria : « Père Abraham, aie pitié de moi et envoie Lazare, pour qu'il trempe dans l'eau le bout de son doigt et me rafraîchisse la langue, car je souffre cruellement dans ces flammes. »

Abraham répondit : « Mon fils, souviens-toi que tu as reçu tes biens pendant ta vie, et que Lazare, lui, a eu ses maux ; à présent il est ici consolé, et toi, tu souffres. D'ailleurs, il y a entre vous et nous un grand abîme, afin que ceux qui voudraient passer d'ici chez vous, ou de là-bas chez nous, ne le puissent. »

Le riche dit : « Je te prie donc, père, d'envoyer Lazare dans la maison de mon père, où j'ai cinq frères, pour leur attester ces choses, de peur qu'ils ne viennent, eux aussi, dans ce lieu de tourments. »

Abraham répondit : « Ils ont Moïse et les prophètes ; qu'ils les écoutent. »

Le riche dit alors : « Non, père Abraham, mais si quelqu'un des morts va vers eux, ils se repentiront. »

Mais Abraham répliqua : « S'ils n'écoutent pas Moïse et les prophètes, quand bien même quelqu'un des morts ressusciterait, ils ne seraient pas convaincus. »

LE PHARISIEN ET LE PUBLICAIN

IL dit encore cette parabole, à l'adresse de certains qui se vantaient d'être des justes, tout en méprisant les autres :

« Deux hommes montèrent au temple pour prier : l'un était Pharisien, l'autre publicain.

« Le Pharisien, la tête haute, priait ainsi en lui-même : Mon Dieu, je vous rends grâces de ce que je ne suis pas comme le reste des hommes, qui sont voleurs, injustes, adultères, ou encore comme ce publicain. Je jeûne deux fois par semaine, je donne la dîme de tous mes revenus.

« Le publicain, se tenant à distance, n'osait pas même lever les yeux au ciel, mais il se frappait la poitrine, en disant : Mon Dieu, ayez pitié de moi, qui suis un pécheur.

« Je vous le dis, ce dernier descendit chez lui justifié, non pas l'autre. Car quiconque s'élève sera abaissé, et quiconque s'abaisse sera élevé. »

CONVERSION DE ZACHÉE

JÉSUS était entré dans Jéricho et traversait la ville. Survint un homme du nom de Zachée ; c'était un chef des publicains, et il était riche.

Il cherchait à voir qui était Jésus, mais il ne le pouvait à cause de la foule, car il était de petite taille. Il courut donc en avant et monta sur un sycomore pour le voir, car il devait passer par là.

Arrivé à cet endroit, Jésus leva les yeux et lui dit : « Zachée, descends vite, car il faut que je loge aujourd'hui dans ta maison. »

Vite, Zachée descendit et le reçut avec joie.

Voyant cela, tous murmuraient en disant : « Il est allé loger chez un pécheur. »

Mais Zachée, se tenant devant le Seigneur, lui dit : « Seigneur, voici que je donne aux pauvres la moitié de mes biens et, si j'ai fait du tort à quelqu'un, je lui rends le quadruple. »

Jésus lui dit alors : « Aujourd'hui le salut est entré dans cette maison. Car le Fils de l'homme est venu chercher et sauver ce qui était perdu. »

L'ORAGE MENACE

LE PAIN DE VIE

JÉSUS, parlant au peuple, lui dit :

« Travaillez, non pour la nourriture qui périt, mais pour celle qui subsiste dans la vie éternelle, et que le Fils de l'homme vous donnera. »

Ils lui dirent alors : « Quel miracle allez-vous nous faire voir pour que nous croyions en vous ? Quelles sont vos œuvres ? Nos pères ont mangé la manne dans le désert, ainsi qu'il est écrit : Il leur a donné à manger le pain du ciel. »

Jésus leur répondit : « En vérité, en vérité, je vous le dis, Moïse ne vous a pas donné le pain du ciel ; c'est mon Père qui vous donne le vrai pain du ciel. Car le pain de Dieu, c'est celui qui descend du ciel et qui donne la vie au monde. »

Ils lui dirent donc : « Seigneur, donnez-nous toujours de ce pain. »

Jésus leur répondit : « Je suis le pain de vie : celui qui vient à moi n'aura jamais faim, et celui qui croit en moi n'aura jamais soif. »

... Les Juifs murmuraient contre lui, parce qu'il avait dit : « Je suis le pain qui est descendu du ciel. » Et ils disaient : « N'est-ce pas là Jésus, le fils de Joseph, dont nous connaissons le père et la mère ? Comment peut-il dire : Je suis descendu du ciel ? »

Jésus leur répondit : « Ne murmurez pas entre vous. En vérité, je vous le dis, celui qui croit en moi a la vie éternelle. Je suis le pain de vie.

« Vos pères ont mangé la manne dans le désert, et ils sont morts. Voici le pain qui descend du ciel, afin qu'on en mange et ne meure pas.

« Je suis le pain vivant qui est descendu du ciel. Si quelqu'un mange de ce pain, il vivra éternellement ; et le pain que moi, je donnerai, c'est ma chair pour la vie du monde. »

Alors les Juifs se mirent à discuter entre eux, disant : « Comment cet homme peut-il nous donner sa chair à manger ? »

Jésus reprit : « Oui, ma chair est une vraie nourriture ; mon sang est un vrai breuvage. »

Beaucoup de ses disciples dirent aussi : « Cette parole est dure. Qui peut l'écouter ? »

Jésus, sachant en lui-même que ses disciples murmuraient à ce sujet, leur dit : « Cela vous scandalise ? Et quand vous verrez le Fils de l'homme monter là où il était auparavant ?... C'est l'esprit qui vivifie, la chair ne sert de rien. Les paroles que je vous ai dites sont esprit et vie. Mais il en est parmi vous qui ne croient pas. »

Dès ce moment, nombre de ses disciples se retirèrent, et ils n'allaient plus avec lui.

Alors Jésus dit aux Douze : « Voulez-vous partir, vous aussi ? »

Mais Simon-Pierre lui répondit : « Seigneur, à qui irions-nous ? Vous avez les paroles de la vie éternelle. »

Après cela, Jésus parcourait la Galilée ; il ne voulait pas aller en Judée, parce que les Juifs cherchaient à le faire mourir.

RETOUR EN JUDÉE

CEPENDANT la fête juive des Tabernacles était proche. Ses frères lui dirent donc : « Quittez ce pays et allez en Judée, afin que vos disciples aussi voient les œuvres que vous faites : nul n'agit en secret, qui désire être connu du monde. » Car ses frères eux-mêmes ne croyaient pas en lui.

Jésus leur dit alors : « Mon temps n'est pas encore venu, mais pour vous tous les moments sont bons. Le monde ne peut pas vous haïr ; moi, il me hait, parce que je déclare que ses œuvres sont mauvaises. Montez, vous, à cette fête ; moi, je n'y monte pas, parce que mon temps n'est pas encore accompli. »

Cela dit, il resta en Galilée. Mais, lorsque ses frères furent montés à la fête, il y monta lui aussi, en secret et sans se faire voir.

Or les Juifs le cherchaient pendant la fête et disaient : « Où est-il ? »

Et il y avait dans la foule beaucoup de discussions à son sujet. Les uns disaient : « C'est un homme de bien. » D'autres disaient : « Non, il trompe le peuple. » Personne, toutefois, ne parlait librement de lui par crainte des Juifs.

Vers le milieu de la fête, Jésus monta au temple et se mit à enseigner. Les Juifs, étonnés, disaient : « Comment connaît-il les Ecritures, lui qui n'a point étudié ? »

Jésus leur répondit : « Ma doctrine n'est pas de moi, mais de celui qui m'a envoyé. »

Cependant des gens de Jérusalem disaient : « N'est-ce pas lui qu'ils cherchent à faire mourir ? Le voilà qui parle librement sans qu'on lui dise rien. Est-ce que vraiment les chefs auraient reconnu qu'il est le Christ ? Nous savons pourtant d'où il est ; mais quand le Christ viendra, personne ne saura d'où il est. »

Jésus, qui enseignait alors dans le temple, s'écria : « Vous me connaissez et vous savez d'où je suis ; cependant je ne viens pas de moi-même : mais il est véritable, celui qui m'a envoyé, et vous ne le connaissez pas. »

Ils tentèrent alors de l'arrêter ; mais personne ne mit la main sur lui, parce que son heure n'était pas encore venue.

Dans la foule, beaucoup crurent en lui, et ils disaient : « Quand le Christ viendra, fera-t-il plus de miracles que n'en a fait celui-ci ? »

Les Pharisiens entendirent ce que la foule disait tout bas de Jésus, et ils envoyèrent des gardes pour l'arrêter.

Mais les gardes revinrent trouver les Princes des prêtres et les Pharisiens. Ceux-ci leur dirent : « Pourquoi ne l'avez-vous pas amené ? »

Les gardes répondirent : « Jamais homme n'a parlé comme cet homme ! »

Les Pharisiens leur répliquèrent : « Vous aussi, vous vous y êtes donc laissé prendre ? Y a-t-il quelqu'un des chefs ou des Pharisiens qui ait cru en lui ? Mais cette populace qui ignore la Loi, ce sont des maudits ! »

DISCUSSION DANS LE TEMPLE

LE dernier jour de la fête, le grand jour, Jésus, se tenant debout, s'écria : « Si quelqu'un a soif, qu'il vienne à moi et qu'il boive ! »

Plusieurs personnes présentes dirent, en entendant ces paroles : « Oui, c'est lui, le Prophète ! » D'autres : « C'est le Christ ! »

Mais d'autres encore répliquaient : « Est-ce bien de Galilée que le Christ doit venir ? L'Ecriture ne dit-elle pas qu'il sera de la race de David, et du bourg de Bethléem, d'où était David ? »

C'est ainsi que la foule était divisée à son sujet. Certains voulaient l'arrêter, mais personne ne mit la main sur lui.

Jésus leur parla à nouveau dans le temple, disant : « Je suis la lumière du monde. Celui qui me suit ne marchera pas dans les ténèbres, mais aura la lumière de la vie....

« Votre père Abraham a tressailli de joie à la pensée de voir mon jour ; il l'a vu et s'est réjoui. »

Les Juifs lui dirent alors : « Vous n'avez pas cinquante ans et vous avez vu Abraham ! »

Jésus leur répondit : « En vérité, en vérité, je vous le dis, avant qu'Abraham fût, je suis. »

Alors ils prirent des pierres pour les lui jeter ; mais Jésus se déroba et sortit du temple....

(Jésus continuait d'enseigner et de prêcher, malgré les murmures et l'hostilité croissante des Princes des prêtres et des Pharisiens. Il guérit un aveugle le jour du sabbat, et certains Pharisiens déclarèrent : « Cet homme ne vient pas de Dieu, puisqu'il n'observe pas le sabbat. » D'autres disaient au contraire : « Comment un pécheur pourrait-il faire de tels prodiges ? » Et ils étaient toujours divisés.

« Je suis le bon pasteur », leur dit-il. « Le bon pasteur donne sa vie pour ses brebis. Mais le mercenaire, qui n'est pas le pasteur et à qui n'appartiennent pas les brebis, s'il voit venir le loup, laisse là ses brebis et se sauve : alors le loup les emporte et les disperse.

« Je suis le bon pasteur ; je connais mes brebis et mes brebis me connaissent, et je donne ma vie pour mes brebis. On ne me l'ôte pas, mais je la donne de moi-même ; j'ai le pouvoir de la donner et le pouvoir de la reprendre. »)

« JE SUIS LE CHRIST »

C'ÉTAIT à Jérusalem, pendant la fête de la Dédicace, en hiver.

Jésus se promenait dans le temple, sous le portique de Salomon. Les Juifs l'entourèrent et lui dirent : « Jusqu'à quand nous laisserez-vous dans le doute ? Si vous êtes le Christ, dites-le nous franchement. »

Jésus leur répondit : « Je vous l'ai dit, mais vous ne croyez pas. Les œuvres que je fais au nom de mon Père me rendent témoignage.... Mon Père et moi, nous sommes un. »

Alors les Juifs prirent de nouveau des pierres pour le lapider.

Jésus leur dit : « J'ai fait devant vous beaucoup de bonnes œuvres ; pour laquelle me lapidez-vous ? »

Les Juifs lui répliquèrent : « Ce n'est pas pour une bonne œuvre que nous vous lapidons ; c'est pour un blasphème, et parce que, étant homme, vous vous faites Dieu. »

Jésus leur répondit : « Comment dites-vous à celui que le Père a consacré et envoyé dans le monde : Vous blasphémez, parce que j'ai dit : Je suis le Fils de Dieu ? Si je ne fais pas les œuvres de mon Père, ne me croyez pas. Mais si je les fais, quand bien même vous ne me croiriez pas, croyez en ces œuvres, afin que vous sachiez bien que le Père est en moi et moi dans le Père. »

Là-dessus, ils cherchèrent encore à l'arrêter mais il leur échappa. Il s'en retourna au delà du Jourdain, là où Jean avait commencé à baptiser, et il y demeura. Beaucoup de gens vinrent et crurent en lui.

RÉSURRECTION DE LAZARE

IL y avait un homme malade, Lazare, de Béthanie, village de Marie et de Marthe, sa sœur. C'était la même Marie qui oignit le Seigneur de parfum et lui essuya les pieds avec ses cheveux, dont le frère Lazare était malade.

Les deux sœurs envoyèrent donc dire à Jésus : « Seigneur, votre ami est malade. »

Car Jésus aimait Marthe et sa sœur et Lazare.

Quand il apprit que celui-ci était malade, il resta deux jours encore à l'endroit où il se trouvait. Après quoi, il dit à ses disciples : « Retournons en Judée. »

Ses disciples lui dirent : « Maître, tout récemment encore les Juifs voulaient vous lapider, et vous retournez là-bas ! »

Jésus leur dit clairement : « Lazare est mort, et je me réjouis pour vous de n'avoir pas été là, afin que vous croyiez. Mais allons vers lui. »

Alors Thomas, appelé Didyme, dit aux autres disciples : « Allons-y, nous aussi, et mourons avec lui. »

Quand Jésus arriva, il trouva que Lazare était depuis quatre jours déjà dans le tombeau.

Dès que Marthe eut appris que Jésus arrivait,

elle partit à sa rencontre, tandis que Marie restait assise à la maison.

Marthe dit à Jésus : « Si vous aviez été ici, mon frère ne serait pas mort. »

Jésus lui répondit : « Votre frère ressuscitera. »

« Je sais », dit Marthe, « qu'il ressuscitera à la résurrection du dernier jour. »

Jésus ajouta : « Je suis la résurrection et la vie. Celui qui croit en moi, fût-il mort, vivra ; et quiconque vit et croit en moi ne mourra jamais. Le croyez-vous ? »

Elle lui dit : « Oui, Seigneur, je crois que vous êtes le Christ, le Fils de Dieu, qui devait venir en ce monde. » Là-dessus, elle s'en alla appeler en secret sa sœur Marie et lui dit : « Le Maître est là, il te demande. » A ces mots, Marie se leva promptement et alla vers lui.

Or Jésus n'était pas encore entré dans le village. Quand les Juifs qui étaient avec Marie dans la maison la virent se lever en hâte et sortir, ils la suivirent en disant : « Elle va au tombeau pour y pleurer. »

Lorsque Marie fut arrivée là où était Jésus et qu'elle le vit, elle se jeta à ses pieds et lui dit : « Seigneur, si vous aviez été ici, mon frère ne serait pas mort. »

Jésus, la voyant pleurer, elle et les Juifs qui l'accompagnaient, frémit intérieurement et fut tout ému.

« Où l'avez-vous mis ? » demanda-t-il.

Ils lui répondirent : « Seigneur, venez et voyez. »

Jésus pleura. Et il se rendit au tombeau : c'était un caveau ; une pierre était posée dessus.

Jésus dit : « Otez la pierre. »

Marthe lui dit : « Seigneur, il sent déjà : c'est le quatrième jour. »

Jésus reprit : « Ne vous ai-je pas dit que si vous croyez, vous verrez la gloire de Dieu ? »

Ils ôtèrent donc la pierre. Alors Jésus leva les yeux et pria : « Père, je vous rends grâces de m'avoir exaucé. Je sais bien que vous m'exaucez toujours ; mais je dis cela à cause de la foule qui m'entoure, afin que ces gens croient que vous m'avez envoyé. » Cela dit, il cria d'une voix forte : « Lazare, sors ! »

Et le mort sortit, les pieds et les mains liés de bandelettes et le visage enveloppé d'un suaire. Jésus leur dit : « Déliez-le et laissez-le aller. »

Beaucoup de Juifs qui étaient venus auprès de Marie et qui avaient vu ce miracle de Jésus, crurent en lui. Mais quelques-uns d'entre eux allèrent trouver les Pharisiens et leur racontèrent ce qu'avait fait Jésus.

LE CONSEIL DÉCIDE
LA MORT DE JÉSUS

LES Princes des prêtres et les Pharisiens réunirent alors un conseil et dirent : « Que ferons-nous ? Car cet homme opère beaucoup de miracles. Si nous le laissons faire, tous croiront en lui et les Romains viendront détruire notre temple et notre nation. »

L'un d'eux, Caïphe, qui était grand-prêtre cette année-là, leur dit : « Vous n'y comprenez rien ; vous ne réfléchissez pas qu'il vaut mieux qu'un seul homme meure pour le peuple et que toute la nation ne périsse pas. »

Il ne dit pas cela de lui-même ; mais en tant que grand-prêtre, il prophétisa que Jésus devait mourir pour la nation, et non seulement pour la nation, mais aussi pour rassembler dans l'unité les enfants de Dieu dispersés.

Depuis ce jour, ils furent résolus à le faire mourir.

C'est pourquoi Jésus ne se montra plus ouvertement parmi les Juifs. Il se retira dans la région voisine du désert, dans une ville nommée Ephraïm, et il y demeura avec ses disciples.

Maintenant la Pâque des Juifs était proche, et beaucoup de gens du pays montèrent à Jérusalem, avant la Pâque, pour se purifier.

Ils cherchaient Jésus et se disaient les uns aux autres dans le temple : « Que vous en semble ? Ne viendra-t-il pas à la fête ? »

Car les Princes des prêtres et les Pharisiens avaient donné l'ordre que, si quelqu'un savait où il était, il le fît connaître, afin qu'on l'arrêtât.

LE REPAS DE BÉTHANIE

SIX jours avant la Pâque, Jésus vint à Béthanie, où était Lazare qu'il avait ressuscité des morts.

Là, on lui offrit un repas ; Marthe servait et Lazare était l'un des convives.

Marie, prenant une livre d'un parfum de nard pur très précieux, en oignit les pieds de Jésus et les essuya avec ses cheveux ; et la maison fut remplie de l'odeur du parfum.

Judas Iscariote, l'un de ses disciples, celui qui devait le trahir, dit alors : « Pourquoi n'a-t-on pas vendu ce parfum trois cents deniers, pour les donner aux pauvres ? » Il disait cela, non par souci des pauvres, mais parce que c'était un voleur et que, tenant la bourse, il prenait ce qu'on y mettait.

Mais Jésus dit : « Laisse-la : d'avance elle a embaumé mon corps pour la sépulture. Car vous aurez toujours des pauvres avec vous ; mais moi, vous ne m'aurez pas toujours. »

Beaucoup de Juifs apprirent qu'il était là et vinrent, non pour Jésus seul, mais aussi pour voir Lazare qu'il avait ressuscité des morts.

Les Princes des prêtres résolurent alors de faire mourir aussi Lazare, parce que beaucoup de Juifs les quittaient à cause de lui et croyaient en Jésus.

LE TRIOMPHE PACIFIQUE D

L'ENTRÉE A JÉRUSALEM

JÉSUS partit, en tête de ses disciples, pour monter à Jérusalem. Quand ils arrivèrent en vue de Bethphagé, près du mont des Oliviers, Jésus envoya deux de ses disciples, en leur disant :

« Allez à ce village, là en face de vous ; à l'entrée, vous verrez une ânesse attachée, avec son ânon ; personne ne s'est encore assis dessus. Déliez-la et amenez-les moi.

« Et si l'on vous dit quelque chose, vous répondrez : Le Seigneur en a besoin. »

Tout cela arriva, afin que s'accomplît la parole du prophète :

« Dites à la fille de Sion :

Voici que ton roi vient à toi,
Modeste, assis sur une ânesse,
Et sur un ânon, son petit. »

Les disciples allèrent donc et firent ce que Jésus leur avait commandé.

Ils amenèrent l'ânesse et l'ânon, mirent dessus

CHRIST JÉSUS

leurs manteaux et y firent asseoir Jésus. A son passage, les gens étendirent leurs manteaux sur la route.

Et les foules qui étaient venues pour la fête, apprenant que Jésus arrivait à Jérusalem, prirent des palmes à la main et se portèrent à sa rencontre.

Lorsqu'il fut près de la descente du mont des Oliviers, toute la foule des disciples, transportée de joie, se mit à louer Dieu d'une voix forte pour tous les miracles qu'ils avaient vus. Ils disaient :

« Hosanna au Fils de David !

Béni soit celui qui vient au nom du Seigneur ! Hosanna au plus haut des cieux ! »

Quelques Pharisiens qui étaient dans la foule dirent à Jésus : « Maître, imposez donc silence à vos disciples ! »

Il leur répondit : « Je vous le déclare, s'ils doivent se taire, les pierres mêmes crieront. »

Quand il fut proche de Jérusalem, à la vue de cette ville, il pleura sur elle, en disant :

« Ah ! si en ce jour tu connaissais, toi aussi, ce qui pourrait t'apporter la paix ! Mais maintenant cela est caché à tes yeux.

« Viendront sur toi des jours où tes ennemis t'environneront de tranchées, t'investiront, te presseront de toutes parts.

« Ils te renverseront par terre, toi et tes enfants ; dans ton enceinte, ils ne laisseront pas pierre sur pierre, parce que tu n'as pas su connaître le temps où tu fus visitée. »

Quand il entra dans Jérusalem, avec la foule qui l'escortait, les uns devant, les autres derrière, toute la ville fut en émoi. « Qui est-ce ? » demandait-on.

La foule répondait : « C'est Jésus, le prophète, de Nazareth en Galilée. »

Jésus entra dans le temple de Dieu et chassa tous ceux qui vendaient et achetaient dans le temple ; il renversa les tables des changeurs et les sièges des marchands de colombes. Et il leur dit :

« Il est écrit : Ma maison sera appelée une maison de prière ; et vous, vous en faites une caverne de voleurs. »

Des aveugles et des boiteux vinrent à lui dans le temple, et il les guérit.

Mais quand les Princes des prêtres et les Scribes virent les miracles qu'il faisait et entendirent les enfants qui criaient dans le temple : « Hosanna au fils de David ! » ils furent indignés.

Ils lui dirent : « Entendez-vous ce qu'ils disent ? »

Et Jésus leur répondit : « Oui. N'avez-vous jamais lu : De la bouche des tout-petits et des nourrissons, vous vous êtes préparé une louange ? »

Puis il les quitta, sortit de la ville et s'en alla à Béthanie pour y passer la nuit.

LE FIGUIER DESSÉCHÉ

COMME il rentrait en ville, le lendemain matin, il eut faim. Apercevant un figuier près du chemin, il s'en approcha, mais il n'y découvrit que feuilles. Il lui dit alors : « Que jamais aucun fruit ne naisse de toi ! » Et à l'instant le figuier sécha.

A cette vue, les disciples dirent tout étonnés : « Comment ce figuier a-t-il si vite séché? »

Jésus leur répondit : « En vérité, je vous le dis, si vous avez la foi et si vous ne doutez pas, non seulement vous pourrez faire ce que j'ai fait à ce figuier, mais quand vous diriez à cette montagne : Ote-toi de là et jette-toi dans la mer, cela se ferait. Tout ce que vous demanderez avec foi, dans la prière, vous l'obtiendrez. »

PARABOLE DES VIGNERONS HOMICIDES

QUAND *Jésus fut entré dans le temple, les Princes des prêtres et les anciens du peuple vinrent à lui, tandis qu'il enseignait, et lui dirent : « Par quelle autorité fais-tu ces choses ? »*

Jésus ne voulut pas répondre à leur question, parce qu'ils essayaient de lui tendre un piège, mais il leur dit:

« Ecoutez une parabole. Un homme avait planté une vigne. Il l'entoura d'une clôture, y creusa un pressoir et y bâtit une tour. Puis il la loua à des vignerons et partit pour un grand voyage.

« Le moment venu des vendanges, il envoya aux vignerons ses serviteurs pour recevoir le produit de sa vigne. Mais les vignerons se saisirent de ses serviteurs : ils battirent l'un, tuèrent l'autre et lapidèrent le troisième.

« Alors il envoya de nouveaux serviteurs, et ils les traitèrent de même.

« Enfin il leur envoya son fils, en disant : Ils respecteront mon fils.

« Mais quand les vignerons virent le fils, ils se dirent entre eux : Voici l'héritier : venez, tuons-le et nous aurons son héritage.

« Ils se saisirent de lui, le jetèrent hors de la vigne et le tuèrent.

« Quand reviendra le maître de la vigne, que fera-t-il à ces vignerons ? »

Ils lui répondirent : « Il fera périr misérablement ces méchants et louera sa vigne à d'autres vignerons, qui lui en donneront les fruits au temps de la récolte. »

Après avoir entendu cette parabole, les Princes des prêtres et les Pharisiens comprirent que Jésus parlait d'eux. Mais, tout en cherchant à l'arrêter, ils eurent peur du peuple, qui le regardait comme un prophète.

LE TRIBUT A CÉSAR

ILS se mirent à observer Jésus et lui envoyèrent des espions, qui feignaient d'être justes, pour le surprendre dans ses paroles, afin de le livrer au pouvoir et à l'autorité du gouverneur.

Ils lui posèrent donc cette question : « Maître, nous savons que vous parlez en toute droiture et que vous enseignez la voie de Dieu. Nous est-il permis, oui ou non, de payer le tribut à César ? »

Jésus, pénétrant leur malice, leur dit : « Montrez-moi un denier. De qui porte-t-il l'image et le nom ? »

Ils lui répondirent : « De César. »

Alors il leur dit : « Rendez donc à César ce qui est à César et à Dieu ce qui est à Dieu. »

Et ils ne purent reprendre aucune de ses paroles devant le peuple ; mais, étonnés de sa réponse, ils gardèrent le silence.

L'OFFRANDE DE LA VEUVE

JÉSUS, levant les yeux, vit les riches qui mettaient leurs offrandes dans le tronc. Il vit aussi une pauvre veuve qui y glissait deux piécettes.

Il dit alors : « En vérité, je vous le déclare, cette pauvre veuve a donné plus que tous les autres ; car tous ceux-là ont offert à Dieu de leur superflu ; mais elle, dans sa pauvreté, a mis tout ce qu'elle avait pour vivre. »

PARABOLE DU FESTIN DES NOCES

JÉSUS leur dit encore cette parabole : « Le royaume des cieux est semblable à un roi qui faisait les noces de son fils. Il envoya ses serviteurs convier les invités à la noce, mais ils ne voulurent pas venir.

« Il envoya encore d'autres serviteurs, en disant : Dites aux invités que j'ai préparé mon festin ; mes bœufs et mes bêtes grasses sont tués, tout est prêt. Qu'ils viennent donc !

« Mais, sans faire cas de l'invitation, ils s'en allèrent, qui à son champ, qui à son commerce ; et les autres se saisirent des serviteurs, les maltraitèrent et les tuèrent.

« Le roi, à cette nouvelle, fut courroucé : il envoya ses troupes, extermina ces meurtriers et brûla leur ville.

« Puis il dit à ses serviteurs : La noce est prête, mais les invités n'en étaient pas dignes. Allez donc dans les carrefours, et conviez aux noces tous ceux que vous trouverez.

« Ces serviteurs allèrent par les chemins, ramassèrent tous ceux qu'ils trouvèrent, bons ou mauvais, si bien que la salle de noce fut pleine de convives.

« Le roi entra pour voir ses hôtes, et il aperçut là un homme qui ne portait pas une robe de noce. Il lui dit : Mon ami, comment es-tu entré ici sans avoir une robe de noce ?

« L'homme resta muet.

« Alors le roi dit aux serviteurs : Liez-lui pieds et mains et jetez-le dehors, dans les ténèbres : là, il y aura des pleurs et des grincements de dents. Car il y a beaucoup d'appelés, mais peu d'élus. »

JÉSUS ANNONCE SON DERNIER AVÈNEMENT

JÉSUS sortit du temple et, comme il s'éloignait, ses disciples se mirent à parler avec admiration des richesses du temple. Il leur dit : « De tout ce que vous voyez, des jours viendront où il ne restera pas pierre sur pierre. »

Lorsqu'il se fut assis sur le mont des Oliviers, ses disciples, seuls avec lui, lui demandèrent : « Dites-nous quand ces choses arriveront, et quel sera le signe de votre avènement et de la fin du monde. »

Jésus leur répondit : « Prenez garde que nul ne vous trompe. Car beaucoup viendront sous

mon nom, disant : Je suis le Christ, et ils tromperont bien des gens. Vous entendrez parler de guerres et de bruits de guerres ; n'en soyez pas troublés, car il faut que cela arrive, mais ce n'est pas encore la fin.

« On verra se dresser nation contre nation, royaume contre royaume. Il y aura, en divers lieux, des famines et des tremblements de terre. Et tout cela ne sera que le commencement des douleurs.

« Car il y aura alors une grande détresse, telle qu'il n'y en a pas eu depuis le commencement

du monde, et qu'il n'y en aura jamais. Et si ces jours n'étaient abrégés, nul n'échapperait ; mais, à cause des élus, ces jours seront abrégés.

« Si l'on vous dit alors : Le Christ est ici, ou : Il est là, ne le croyez pas.

« Car, comme l'éclair jaillit de l'Orient et brille jusqu'à l'Occident, ainsi en sera-t-il de l'avènement du Fils de l'homme.

« Aussitôt après ces jours d'affliction, le soleil s'obscurcira, la lune ne donnera plus sa lumière, les étoiles tomberont du ciel et les puissances des cieux seront ébranlées.

« Alors apparaîtra dans le ciel le signe du Fils de l'homme, et toutes les races de la terre se lamenteront. Et l'on verra le Fils de l'homme venir sur les nuées du ciel avec puissance et majesté. Il enverra ses anges avec la trompette retentissante, pour rassembler ses élus des quatre vents, d'une extrémité du ciel à l'autre.

« Ecoutez une comparaison tirée du figuier. Dès que ses branches deviennent flexibles et que ses feuilles poussent, vous savez que l'été est proche. De même, quand vous verrez toutes ces choses, sachez que le Fils de l'homme est à la porte.

« En vérité je vous le dis, cette génération ne passera point que tout cela n'arrive. Le ciel et la terre passeront, mais mes paroles ne passeront point.

« Pour ce qui est du jour et de l'heure, nul ne les connaît, pas même les anges du ciel, mais le Père seul. Veillez donc, puisque vous ne savez à quelle heure votre Seigneur viendra.

« Sachez-le bien, si le maître de la maison avait connu l'heure où le voleur viendrait, il aurait veillé et ne l'aurait pas laissé entrer par effraction.

« Tenez-vous donc prêts, vous aussi, car le Fils de l'homme viendra à l'heure où vous vous y attendrez le moins.

« Heureux le serviteur que son maître, en rentrant, trouvera à sa tâche ! En vérité je vous le dis, il l'établira sur tous ses biens. »

PARABOLE DES VIERGES SAGES ET DES VIERGES FOLLES

ALORS le royaume des cieux sera semblable à dix vierges qui, ayant pris leurs lampes, allèrent à la rencontre de l'époux. Cinq d'entre elles étaient folles et cinq étaient sages.

Les folles, en prenant leurs lampes, ne prirent pas d'huile en réserve ; mais les sages prirent, avec leurs lampes, de l'huile dans leurs fioles.

Comme l'époux tardait, elles s'assoupirent toutes et s'endormirent. Mais à minuit, un cri s'éleva : « Voici l'époux, allez à sa rencontre ! »

Alors toutes ces vierges se réveillèrent et préparèrent leurs lampes.

Et les folles dirent aux sages : « Donnez-nous de votre huile, car nos lampes s'éteignent. »

Mais les sages répondirent : « Non ; il n'y en aurait pas assez pour nous et pour vous ; allez plutôt chez les marchands, et achetez-en pour vous. »

Pendant qu'elles allaient en acheter, l'époux arriva ; celles qui étaient prêtes entrèrent avec lui dans la salle des noces, et la porte fut fermée.

Plus tard, les autres vierges arrivèrent aussi et dirent : « Seigneur, Seigneur, ouvrez-nous ! »

Mais il leur répondit : « En vérité, je ne vous connais pas. »

Veillez donc, puisque vous ne savez ni le jour, ni l'heure.

PARABOLE DES TALENTS

IL en sera comme d'un homme qui, partant pour un long voyage, appela ses serviteurs et leur confia sa fortune.

A l'un il donna cinq talents, deux à un autre, un seul au troisième, selon les capacités de chacun. Puis il partit.

Celui qui avait reçu les cinq talents alla les faire valoir et en gagna cinq autres. De même, celui qui en avait reçu deux en gagna deux autres. Mais celui qui n'en avait reçu qu'un alla faire un trou dans la terre et y cacha l'argent de son maître.

Beaucoup plus tard, le maître revint et régla ses comptes avec ses serviteurs. Celui qui avait reçu les cinq talents lui en présenta cinq autres, en disant : « Seigneur, vous m'aviez donné cinq talents ; en voici cinq de plus que j'ai gagnés. »

Son maître lui dit : « C'est bien, serviteur bon et fidèle ; parce que tu as été fidèle en de petites choses, je t'en confierai d'importantes : entre dans la joie de ton maître. »

Celui qui avait reçu deux talents vint aussi et dit : « Seigneur, vous m'aviez donné deux talents ; en voici deux de plus que j'ai gagnés. »

Son maître lui dit : « C'est bien, serviteur bon et fidèle ; parce que tu as été fidèle en de petites choses, je t'en confierai d'importantes : entre dans la joie de ton maître. »

Celui qui n'avait reçu qu'un talent vint à son tour et dit : « Seigneur, je savais que vous êtes un homme dur, qui moissonnez où vous n'avez pas semé, et ramassez où vous n'avez pas vanné. J'ai eu peur et je suis allé cacher votre argent dans la terre. Tenez, je vous rends ce qui est à vous. »

Son maître lui répondit : « Serviteur mauvais et fainéant, tu savais que je moissonne où je n'ai pas semé et que je ramasse où je n'ai pas vanné ? Tu aurais donc dû porter mon argent aux banquiers et, à mon retour, je l'aurais retiré avec un intérêt.

« Enlevez-lui donc ce talent et donnez-le à celui qui en a dix. Car on donnera à celui qui a, et il sera dans l'abondance ; mais à celui qui n'a pas, on enlèvera même ce qu'il a.

« Et ce serviteur inutile, jetez-le dehors, dans les ténèbres : là, il y aura des pleurs et des grincements de dents. »

LE JOUR DU JUGEMENT

QUAND le Fils de l'homme viendra dans sa gloire, et tous les anges avec lui, il s'assiéra sur son trône de gloire. Toutes les nations seront rassemblées devant lui : il séparera les uns d'avec les autres, comme le pasteur sépare les brebis des boucs. Et il placera les brebis à sa droite, les boucs à sa gauche.

Alors le Roi dira à ceux de la droite : « Venez, les bénis de mon Père ; prenez possession du Royaume qui vous a été préparé dès l'origine du monde.

« Car j'ai eu faim et vous m'avez donné à manger ; j'ai eu soif et vous m'avez donné à boire ; j'étais étranger, et vous m'avez accueilli, nu et vous m'avez vêtu, malade et vous m'avez visité, prisonnier et vous êtes venu me voir. »

Les justes lui demanderont alors : « Seigneur, quand nous est-il arrivé de vous voir affamé et

de vous nourrir, assoiffé et de vous désaltérer, étranger et de vous accueillir, nu et de vous vêtir, malade ou prisonnier et de venir vous voir ? »

Et le Roi leur répondra : « En vérité je vous le dis, toutes les fois que vous l'avez fait pour le moindre de mes frères que voici, c'est pour moi que vous l'avez fait. »

Puis il dira à ceux de sa gauche : « Retirez-vous de moi, maudits, allez au feu éternel qui a été préparé pour le diable et ses anges. Car j'ai eu faim et vous ne m'avez pas donné à manger ; j'ai eu soif et vous ne m'avez pas donné à boire ; j'étais étranger et vous ne m'avez pas accueilli, nu et vous ne m'avez pas vêtu, malade ou prisonnier et vous ne m'avez pas visité. »

Ceux-ci lui demanderont à leur tour : « Seigneur, quand nous est-il arrivé de vous voir affamé ou assoiffé, étranger, nu, malade ou prisonnier et de ne pas vous secourir ? »

Et il leur répondra : « En vérité je vous le dis, toutes les fois que vous ne l'aurez pas fait pour le moindre de ceux-ci, c'est pour moi que vous ne l'aurez pas fait. »

Ils s'en iront donc à l'éternel supplice, et les justes à la vie éternelle.

LA DERNIÈRE CÈNE

LA fête des Azymes, qu'on appelle la Pâque, approchait.

Les Princes des prêtres, les Scribes et les anciens du peuple s'assemblèrent dans le palais du grand-prêtre Caïphe. Et ils délibérèrent sur les moyens d'arrêter Jésus par ruse et de le faire mourir. Mais ce ne pouvait être, disaient-ils, pendant la fête, de peur d'un soulèvement populaire.

Alors Satan entra dans Judas Iscariote, l'un des Douze ; et il alla trouver les Princes des prêtres et leur dit : « Combien me donnerez-vous si je vous le livre ? »

Eux, tout joyeux, lui promirent trente pièces d'argent. Et, dès lors, il n'attendit qu'une occasion favorable pour le leur livrer à l'insu de la foule.

Arriva le jour des Azymes, où l'on devait immoler l'agneau pascal. Jésus envoya Pierre et Jean, en disant : « Allez-nous préparer le repas de la Pâque. »

Ils lui dirent : « Où voulez-vous que nous le préparions ? »

Il leur répondit : « En entrant dans la ville, vous rencontrerez un homme portant une cruche d'eau. Suivez-le, et là où il entrera, dites au maître de maison : Le Seigneur te fait dire : Où est la salle où je pourrai manger la Pâque avec mes disciples ?

« Et il vous montrera une belle pièce meublée : faites-y les préparatifs. »

Ils partirent donc, trouvèrent tout comme il le leur avait dit et préparèrent la Pâque.

L'heure venue, il se mit à table avec ses apôtres. Et il leur dit : « J'ai ardemment désiré manger avec vous cette Pâque avant de souffrir. Car je vous le dis, je ne la mangerai plus jusqu'à la Pâque parfaite, celle qu'on célèbrera au royaume de Dieu. »

Puis il quitta la table, déposa son manteau et, prenant un linge, il s'en ceignit. Il versa de l'eau dans un bassin et se mit à laver les pieds des disciples et à les essuyer avec le linge.

Il vint donc à Simon-Pierre, qui lui dit : « Seigneur, vous me lavez les pieds ? »

Jésus lui répondit : « Ce que je fais, tu ne le comprends pas maintenant, mais tu le comprendras plus tard. »

Pierre lui dit : « Non, jamais vous ne me laverez les pieds. »

Jésus lui répondit : « Si je ne te lave, tu n'auras point de part avec moi. »

Alors Pierre lui dit : « Seigneur, non seulement les pieds, mais aussi les mains et la tête. »

Jésus lui dit : « Celui qui a pris un bain n'a pas besoin de se laver ; il est entièrement pur. Vous aussi, vous êtes purs, mais non pas tous. » Car il savait qui allait le livrer ; c'est pourquoi il dit : « Vous n'êtes pas tous purs. »

Après qu'il leur eut lavé les pieds et qu'il eut repris son manteau, il se remit à table et leur dit : « Comprenez-vous ce que je vous ai fait ? Vous m'appelez Maître et Seigneur, et vous dites bien, car je le suis. Si donc je vous ai lavé les pieds, moi le Seigneur et le Maître, vous devez aussi

vous laver les pieds les uns aux autres. Je vous ai donné l'exemple, afin que vous fassiez comme je vous ai fait. En vérité je vous le dis, le serviteur n'est pas plus grand que son maître, ni l'apôtre plus grand que celui qui l'a envoyé. Sachant cela, vous êtes heureux, si vous le pratiquez.

« Je ne parle pas pour vous tous ; je connais ceux que j'ai choisis ; mais il faut que l'Ecriture s'accomplisse : Celui qui mange le pain avec moi a levé contre moi le talon. »

A ces mots, Jésus fut troublé en son cœur et déclara : « En vérité je vous le dis, l'un de vous me livrera. »

Les disciples se regardaient les uns les autres, ne sachant de qui il parlait.

Or un des disciples, celui que Jésus aimait, était à table tout contre Jésus. Pierre lui fit donc signe de demander qui était celui dont parlait Jésus.

Le disciple, se penchant vers Jésus, lui dit : « Seigneur, qui est-ce ? »

Jésus répondit : « C'est celui à qui je donnerai le morceau trempé. » Et ayant mouillé du pain, il le tendit à Judas.

Aussitôt que Judas l'eut pris, Satan entra en lui.

Jésus lui dit alors : « Ce que tu as à faire, fais-le vite. »

Mais personne à table ne comprit pourquoi il lui disait cela. Quelques-uns pensaient que, Judas ayant la bourse, Jésus voulait lui dire : « Achète ce qu'il nous faut pour la fête, » ou qu'il lui commandait de donner quelque chose aux pauvres.

Judas sortit aussitôt. Il était nuit.

Le repas s'achevait. C'est alors que Jésus prit du pain, le bénit, le rompit et le donna à ses disciples en disant : « Ceci est mon corps qui est donné pour vous ; faites ceci en mémoire de moi. »

De la même manière il prit la coupe de vin après le repas, disant : « Cette coupe est la nouvelle alliance en mon sang, qui va être répandu pour vous et pour une multitude, en rémission des péchés. Prenez ceci et partagez entre vous. Car je vous le dis, je ne boirai plus du produit de la vigne jusqu'à ce que le royaume de Dieu soit venu. »

ADIEUX DE JÉSUS A SES APÔTRES

LE repas terminé, Jésus dit : « Mes petits enfants, je ne suis plus avec vous que pour peu de temps. Vous me chercherez et, comme je l'ai dit aux Juifs, je vous le dis à vous maintenant : là où je vais, vous ne pouvez venir.

« Je vous donne un commandement nouveau : aimez-vous les uns les autres ; comme je vous ai aimés, vous aussi, aimez-vous. A cela tous connaîtront que vous êtes mes disciples, à l'amour que vous aurez les uns pour les autres.

« Il n'est pas de plus grand amour que de donner sa vie pour ses amis. Vous êtes mes amis, si vous faites ce que je vous commande. Je ne vous appelle plus serviteurs, car le serviteur ne sait ce que fait son maître ; je vous appelle amis, car tout ce que j'ai appris de mon Père, je vous l'ai fait connaître.

« Que vos cœurs ne se troublent point. Vous croyez en Dieu, croyez aussi en moi. Il y a beaucoup de demeures dans la maison de mon Père ; s'il en était autrement, je vous l'aurais dit. Je vais vous préparer une place. Et quand je serai allé vous préparer une place, je reviendrai et je vous prendrai avec moi, afin que là où je suis, vous y soyez aussi.

« Je vous laisse la paix, je vous donne ma paix. Je ne vous la donne pas comme le monde la donne. »

Simon-Pierre lui dit : « Seigneur, où allez-vous ? »

Jésus lui répondit : « Où je vais, tu ne peux pas me suivre maintenant ; mais tu me suivras plus tard. »

Pierre lui dit : « Pourquoi ne puis-je pas vous suivre maintenant ? Je donnerai ma vie pour vous. »

Jésus lui répondit : « Tu donneras ta vie pour moi ? En vérité je te le dis, le coq ne chantera pas que tu ne m'aies renié trois fois. »

Puis il leur dit : « Quand je vous ai envoyés sans bourse, ni sac, ni souliers, avez-vous manqué de quelque chose ? »

« De rien », répondirent-ils.

Il ajouta : « Mais maintenant, que celui qui a une bourse la prenne, de même celui qui a un sac, et que celui qui n'a pas d'épée vende son manteau pour en acheter une. Car je vous le dis, il faut que cette parole de l'Ecriture s'accomplisse en moi : Il a été mis au rang des malfaiteurs. En effet, ce qui me concerne touche à son terme. »

Ils dirent : « Tenez, Seigneur, voici deux épées. »

Il leur répondit : « C'est assez. »

LE CALICE D'AMERTUME

AU JARDIN DE GETHSÉMANI

APRÈS le chant de l'hymne, ils se rendirent au mont des Oliviers. Alors Jésus leur dit : « Vous m'abandonnerez tous cette nuit ; car il est écrit : Je frapperai le pasteur, et les brebis du troupeau seront dispersées. Mais après ma résurrection je vous précéderai en Galilée. »

Pierre, prenant la parole, lui dit : « Si tous vous abandonnent, moi je ne vous abandonnerai jamais. »

Jésus lui dit : « En vérité je te le dis, cette nuit même, avant que le coq chante, tu me renieras trois fois. »

Pierre lui répondit : « Dussé-je mourir avec vous, non, je ne vous renierai jamais. »

Et tous les disciples dirent de même.

Ils arrivèrent au jardin de Gethsémani, de l'autre côté du Cédron. Jésus dit alors à ses disciples : « Asseyez-vous ici, tandis que j'irai là-bas pour prier. »

Il prit avec lui Pierre et les deux fils de Zébédée, et il commença à éprouver de la tristesse et de l'angoisse. Il leur dit : « Mon âme est triste jusqu'à la mort ; restez ici et veillez avec moi. »

Puis il alla un peu plus loin et tomba la face contre terre, priant et disant : « Mon Père, s'il est possible, que ce calice passe loin de moi ! Cependant, non pas comme je veux, mais comme vous voulez. »

Il revint vers les disciples qu'il trouva endormis, et il dit à Pierre : « Ainsi, vous n'avez pu veiller une heure avec moi ! Veillez et priez pour ne pas entrer en tentation : l'esprit est prompt, mais la chair est faible. »

Il s'éloigna une seconde fois et pria ainsi : « Mon Père, si ce calice ne peut passer sans que je le boive, que votre volonté soit faite. »

Puis il revint et les trouva encore endormis, car leurs yeux étaient appesantis. Il les laissa et s'en alla prier pour la troisième fois, répétant les mêmes paroles.

Alors un ange lui apparut pour le réconforter. Dans son agonie, il priait de façon plus pressante, et sa sueur, pareille à de grosses gouttes de sang, ruisselait jusqu'à terre

Ensuite il revint vers les disciples et leur dit : « Maintenant vous pouvez dormir et vous reposer : voici l'heure où le Fils de l'homme va être livré aux mains des pécheurs. Levez-vous, allons, celui qui me livre s'approche. »

Comme il parlait encore, Judas, l'un des Douze, arriva, et avec lui une troupe nombreuse de gens armés d'épées et de bâtons, envoyés par les Princes des prêtres et les anciens du peuple.

Or le traître leur avait donné ce signe : « Celui que je baiserai, c'est lui ; arrêtez-le. »

Aussitôt, s'approchant de Jésus, il dit : « Salut, Maître », et il le baisa.

Jésus lui dit : « Ami, qu'es-tu venu faire ? » Les autres s'avancèrent, mirent la main sur Jésus et l'arrêtèrent.

Simon-Pierre, qui avait une épée, la tira ; il en frappa le serviteur du grand-prêtre et lui coupa l'oreille.

Mais Jésus lui dit : « Remets ton épée à sa place ; car tous ceux qui prennent l'épée périront

par l'épée. Penses-tu que je ne puisse pas invoquer mon Père, qui me donnerait à l'instant plus de douze légions d'anges ? Mais comment s'accompliraient les Ecritures qui attestent qu'il doit en être ainsi ? » Et, touchant l'oreille de cet homme, il le guérit.

A ce moment-là, Jésus dit à la troupe : « Vous êtes venus comme vers un brigand, avec des épées et des bâtons pour me prendre. J'étais tous les jours assis parmi vous, à enseigner dans le temple, et vous ne m'avez pas arrêté. Mais tout cela s'est fait pour accomplir les paroles des prophètes. »

Alors tous les disciples l'abandonnèrent et s'enfuirent.

RENIEMENTS DE PIERRE

CEUX qui avaient arrêté Jésus l'emmenèrent chez le grand-prêtre Caïphe, où s'étaient réunis les Scribes et les Anciens.

Pierre le suivit de loin jusqu'au palais du grand-prêtre, y entra et s'assit avec les serviteurs pour voir comment cela finirait.

Cependant les Princes des prêtres et tout le Conseil cherchaient un faux témoignage contre Jésus, afin de le faire mourir. Mais ils n'en trouvèrent point, quoique beaucoup de faux témoins se fussent présentés.

Enfin il en vint deux qui déclarèrent : « Cet homme a dit : Je puis détruire le temple de Dieu et le rebâtir en trois jours. »

Le grand-prêtre se leva et lui dit : « Tu ne réponds rien à ce qu'on allègue contre toi ? »

Mais Jésus se taisait.

Le grand-prêtre lui dit : « Je t'ordonne, au nom de Dieu, de nous dire si tu es le Christ, le Fils de Dieu. »

Jésus lui répondit :

« Tu l'as dit. Et je vous le déclare, un jour vous verrez le Fils de l'homme, assis à la droite du Tout-Puissant et venant sur les nuées du Ciel. »

Alors le grand-prêtre déchira ses vêtements, en disant : « Il a blasphémé ! Qu'avons-nous encore besoin de témoins ? Vous venez d'entendre son blasphème. Que vous en semble ? »

Ils répondirent : « Il mérite la mort. »

Là-dessus ils lui crachèrent au visage et le frappèrent à coups de poing ; d'autres le giflèrent, en disant : « Christ, devine qui t'a frappé. »

Cependant Pierre, comme les serviteurs avaient allumé du feu au milieu de la cour, s'était assis au milieu d'eux.

Or une servante le vit assis près du feu et, le dévisageant, elle dit : « Celui-ci était avec Jésus de Galilée. »

Mais il le nia, en disant : « Femme, je ne le connais pas. »

Comme il s'était retiré sous le porche, une autre l'aperçut et dit à ceux qui étaient là : « Celui-ci était avec Jésus de Nazareth. »

Et de nouveau il nia avec serment : « Je ne connais pas cet homme. »

Un moment après, ceux qui étaient là s'approchèrent de Pierre et lui dirent : « Sûrement tu es aussi de ces gens-là, car ton accent te trahit. »

Alors il se mit à faire des imprécations et à jurer : « Je ne connais pas cet homme. » Aussitôt le coq chanta.

Et Pierre se souvint des paroles de Jésus : « Avant que le coq chante, tu me renieras trois fois. » Il sortit alors et pleura amèrement.

JÉSUS DEVANT PONCE-PILATE

DÈS le matin, tous les Princes des prêtres et les anciens du peuple tinrent un conseil contre Jésus, en vue de le faire mourir. Et après l'avoir lié, ils l'emmenèrent au prétoire et le remirent à Ponce-Pilate. Ils n'entrèrent pas eux-mêmes dans le prétoire, pour ne pas se souiller, afin de pouvoir manger la Pâque. Pilate sortit donc à leur rencontre et

dit : « Quelle accusation portez-vous contre cet homme ? »

Ils lui répondirent : « Si ce n'était pas un malfaiteur, nous ne vous l'aurions pas livré. »

Pilate leur dit : « Prenez-le vous-mêmes et jugez-le selon votre loi. »

Les Juifs lui répondirent : « Il ne nous est pas permis de mettre quelqu'un à mort. »

Alors Pilate rentra dans le prétoire. Il appela Jésus et lui dit : « Es-tu le roi des Juifs ? »

Jésus répondit : « Dis-tu cela de toi-même ou d'autres te l'ont-ils dit de moi ? »

Pilate lui dit : « Est-ce que je suis Juif, moi ? Ta nation et les chefs des prêtres t'ont livré à moi. Qu'as-tu fait ? »

Jésus répondit : « Mon royaume n'est pas de ce monde. Si mon royaume était de ce monde, mes serviteurs auraient combattu pour que je ne fusse pas livré aux Juifs. Non, mon royaume n'est point d'ici-bas. »

Pilate lui dit : « Tu es donc roi ? »

Jésus répondit : « Tu le dis : je suis roi. Je suis né et je suis venu dans le monde pour rendre témoignage à la vérité. Quiconque est de la vérité écoute ma voix. »

Pilate lui dit : « Qu'est-ce que la vérité ? » Après quoi, il ressortit et dit aux Juifs : « Je ne trouve en lui aucun crime. Mais il est de coutume que je vous relâche à la Pâque un prisonnier. Voulez-vous que je vous relâche le roi des Juifs ? »

Tous alors s'écrièrent : « Pas lui, mais Barabbas ! » Barabbas était un bandit.

Pendant que Pilate siègeait sur son tribunal, sa femme lui fit dire : « Qu'il n'y ait rien entre toi et ce juste ; car je viens d'être fort tourmentée en songe à cause de lui. »

Mais les Princes des prêtres et les Anciens persuadèrent au peuple de réclamer Barabbas et de faire périr Jésus.

Alors Pilate prit Jésus et le fit flageller. Puis les soldats tressèrent une couronne d'épines qu'ils posèrent sur sa tête ; ils lui mirent un roseau dans la main droite et le revêtirent d'un manteau de pourpre.

Ils ployaient le genou devant lui et le raillaient, en disant : « Salut, roi des Juifs ! » Ils lui crachaient au visage et prenaient le roseau pour l'en frapper.

Pilate sortit une fois encore et dit aux Juifs : « Je vous l'amène dehors, pour que vous sachiez bien que je ne trouve en lui aucun crime. »

Jésus sortit alors, portant la couronne d'épines et le manteau de pourpre. Et Pilate leur dit : « Voici l'homme ! »

Quand les Princes des prêtres et les gardes le virent, ils s'écrièrent : « Crucifiez-le ! Crucifiez-le ! »

Pilate, voyant qu'il n'arrivait à rien, mais que le tumulte croissait, prit de l'eau et se lava les mains devant la foule, en disant : « Je suis innocent du sang de ce juste. Prenez-le vous-mêmes et crucifiez-le, car moi, je ne trouve en lui aucun crime. »

Et tout le peuple répondit : « Que son sang soit sur nous et sur nos enfants ! »

Alors il leur relâcha Barabbas et livra Jésus pour être crucifié.

DÉSESPOIR DE JUDAS

JUDAS, qui l'avait livré, voyant que Jésus était condamné, fut pris de remords et rapporta les trente pièces d'argent aux Princes des prêtres et aux Anciens, disant : « J'ai péché en livrant le sang innocent. »

Ils répondirent : « Que nous importe ? C'est ton affaire. »

Alors il jeta les pièces d'argent dans le temple, se retira et alla se pendre.

Les Princes des prêtres les ramassèrent et dirent : « Il n'est pas permis de les mettre dans le trésor, puisque c'est le prix du sang. »

Après discussion, ils achetèrent avec cet argent le Champ du Potier pour la sépulture des étrangers. C'est pourquoi ce champ s'est appelé jusqu'à ce jour le Champ du Sang.

LE CRUCIFIEMENT

ILS prirent donc Jésus et l'emmenèrent. Jésus, portant sa croix, sortit de la ville pour aller au lieu nommé Calvaire, en hébreu Gòlgotha.

Comme ils l'emmenaient, ils mirent la main sur un certain Simon de Cyrène qui revenait des champs, et le chargèrent de la croix, pour qu'il la portât derrière Jésus.

Une grande foule de peuple le suivit, ainsi que des femmes qui se frappaient la poitrine et se lamentaient sur lui.

Jésus se retourna vers elles et dit : « Filles de Jérusalem, ne pleurez pas sur moi ; pleurez plutôt sur vous-mêmes et sur vos enfants. Car voici venir les jours où l'on dira : Heureuses les stériles, heureuses celles qui n'ont point enfanté ni nourri !

« Alors on dira aux montagnes : Tombez sur nous ! et aux collines : recouvrez-nous ! Car si l'on traite ainsi le bois vert, que ne fera-t-on au bois sec ? »

On conduisait encore avec lui deux malfaiteurs, qui devaient être mis à mort. Quand ils furent arrivés au Calvaire, ils le crucifièrent, ainsi que les deux malfaiteurs, l'un à sa droite, l'autre à sa gauche.

Jésus dit : « Père, pardonnez-leur, car ils ne savent ce qu'ils font. »

Les soldats, après l'avoir crucifié, prirent ses vêtements et en firent quatre parts, une pour chacun d'eux. Ils prirent aussi sa tunique. Or cette tunique était sans couture, d'un seul tissu du haut jusqu'en bas. Ils se dirent donc entre eux : « Ne la déchirons pas, mais tirons au sort à qui elle sera. »

Cela arriva afin que s'accomplît l'Écriture : « Ils ont partagé mes vêtements, ils ont tiré ma robe au sort. »

Voilà ce que firent les soldats.

Près de la croix de Jésus se tenaient sa mère, la sœur de sa mère, Marie, femme de Cléophas, et Marie-Madeleine. Quand Jésus vit sa mère et, à côté d'elle, Jean, le disciple qu'il aimait, il dit à sa mère : « Femme, voici votre fils. »

Puis il dit au disciple : « Voici ta mère. » Et dès ce moment-là, le disciple la prit chez lui.

Le peuple se tenait là et regardait. Les chefs, aussi bien que le peuple, le raillaient en disant : « Il a sauvé les autres ; qu'il se sauve lui-même, s'il est le Christ, l'élu de Dieu ! »

Les soldats se moquaient de lui eux aussi ; s'approchant et lui présentant une éponge imbibée de vinaigre, ils disaient : « Si tu es le roi des Juifs, sauve-toi toi-même ! »

Il y avait au-dessus de sa tête une inscription rédigée en hébreu, en grec et en latin :

« CELUI-CI EST LE ROI DES JUIFS. »

L'un des malfaiteurs crucifiés avec lui l'insultait, en disant : « N'es-tu pas le Christ ? Sauve-toi donc et sauve-nous. »

Mais l'autre le reprit et lui dit : « Ne crains-tu pas Dieu, toi qui subis la même condamnation ? Pour nous, c'est justice, car nous recevons le salaire de nos crimes ; mais lui n'a rien fait de mal. »

Et il dit à Jésus : « Souvenez-vous de moi, quand vous viendrez dans votre royaume. »

Jésus lui répondit : « Je te le dis en vérité, aujourd'hui tu seras avec moi en Paradis. »

C'était environ la sixième heure quand les ténèbres couvrirent tout le pays jusqu'à la neuvième heure. Le soleil s'obscurcit, et le voile du temple se déchira par le milieu. La terre trembla, les rochers se fendirent et les tombeaux s'ouvrirent.

Jésus s'écria d'une voix forte : « Père, je remets mon esprit entre vos mains. » Et à ces mots, il expira.

A la vue de ces prodiges, le centurion glorifia Dieu, en disant : « Celui-ci était vraiment Fils de Dieu. »

Et tous ceux qui assistaient en foule à ce spectacle, voyant ce qui s'était passé, s'en retournèrent en se frappant la poitrine.

Quant aux amis de Jésus, et aux femmes qui l'avaient suivi de Galilée, ils se tenaient à distance et observaient toutes ces choses.

LA MISE AU TOMBEAU

APRÈS cela, Joseph d'Arimathie, qui était disciple de Jésus, mais en secret par crainte des Juifs, demanda à Pilate la permission de prendre le corps de Jésus. Pilate le permit.

Il vint donc et prit le corps de Jésus. Nicodème, qui auparavant était allé de nuit trouver Jésus, vint aussi : il apportait un mélange de myrrhe et d'aloès, d'environ cent livres. Ils prirent le corps de Jésus et l'entourèrent de bandelettes, avec les aromates, selon la coutume juive.

A l'endroit où il avait été crucifié, il y avait un jardin, et dans le jardin un tombeau neuf, où personne encore n'avait été mis. C'est là qu'ils déposèrent Jésus, à cause de la Préparation des Juifs, parce que le tombeau était proche.

Les femmes qui étaient venues de Galilée avec Jésus accompagnèrent Joseph ; elles virent le tombeau et comment le corps de Jésus y fut déposé. Puis Joseph roula une grande pierre à l'entrée du tombeau et s'en alla.

Le lendemain, qui était le jour après la Préparation, les Princes des prêtres et les Pharisiens se rendirent en corps chez Pilate et lui dirent : « Seigneur, nous nous souvenons que cet imposteur a dit, quand il vivait encore : Après trois jours je ressusciterai.

« Ordonnez donc que le tombeau soit gardé jusqu'au troisième jour, de peur que ses disciples ne viennent le dérober et dire au peuple : Il est ressuscité des morts. Cette dernière imposture serait pire que la première. »

Pilate leur répondit : « Voici une garde ; allez et prenez toutes précautions que vous jugerez utiles. »

Ils allèrent donc et s'assurèrent du tombeau, en en scellant la pierre et en y postant la garde.

LE CHRIST RESSUSCITÉ

APRÈS le sabbat, à l'aube du premier jour de la semaine, Marie-Madeleine et l'autre Marie allèrent visiter le sépulcre.

Et voilà qu'il se fit un grand tremblement de terre ; car l'Ange du Seigneur descendit du ciel et vint rouler la pierre, sur laquelle il s'assit. Son visage brillait comme l'éclair, et son vêtement était blanc comme neige.

Les gardes furent frappés d'épouvante et devinrent comme morts.

Mais l'ange prit la parole et dit aux femmes : « N'ayez crainte ; je sais bien que vous cherchez Jésus qui a été crucifié. Il n'est point ici ; il est ressuscité comme il l'avait dit. Venez voir la place où il gisait.

« Maintenant allez vite dire à ses disciples qu'il est ressuscité des morts. Voici qu'il vous précède en Galilée : c'est là que vous le verrez. »

Elles s'éloignèrent bien vite du tombeau, pleines de joie et d'émotion, et coururent porter la nouvelle aux disciples. Et voici que Jésus leur apparut en chemin et leur dit : « Je vous salue. »

Elles s'approchèrent et se prosternèrent à ses pieds.

Alors Jésus leur dit : « N'ayez crainte ; allez dire à mes frères de se rendre en Galilée : c'est là qu'ils me verront. »

LE CHRIST SUR LA ROUTE D'EMMAÜS

CE même jour, deux disciples allaient à un village nommé Emmaüs, à soixante stades de Jérusalem ; et ils causaient ensemble de tout ce qui s'était passé. Or, tandis qu'ils parlaient et discutaient, Jésus lui-même s'approcha et fit route avec eux ; mais leurs yeux étaient empêchés de le reconnaître.

Il leur dit : « De quoi vous entretenez-vous ainsi en marchant, que vous ayez l'air si triste ? »

L'un d'eux, nommé Cléophas, lui répondit : « Tu es bien le seul habitant de Jérusalem à ignorer ce qui s'y est passé ces jours-ci ! »

« Quoi donc ? » leur dit-il.

Ils répondirent : « L'affaire de Jésus de Nazareth ! C'était un prophète puissant en œuvres et en paroles, devant Dieu et devant tout le peuple. Les Princes des prêtres et nos magistrats l'ont livré pour être condamné à mort et l'ont crucifié.

« Nous espérions que ce serait lui qui délivrerait Israël. Et voilà deux jours que ces choses se sont passées. A vrai dire, quelques femmes qui sont des nôtres nous ont beaucoup étonnés : s'étant rendues de grand matin au tombeau, et n'y ayant pas trouvé son corps, elles sont revenues nous dire que des anges leur étaient apparus, annonçant qu'il était vivant.

« Quelques-uns des nôtres sont allés au tombeau et ont trouvé les choses comme les femmes l'avaient dit ; mais lui, ils ne l'ont pas vu. »

Alors il leur dit : « Hommes bornés, cœurs lents à croire tout ce qu'ont annoncé les Prophètes ! Ne fallait-il pas que le Christ souffrît ainsi pour entrer dans sa gloire ? » Et, commençant par Moïse et parcourant tous les prophètes, il leur expliqua dans toutes les Ecritures ce qui le concernait.

Quand ils furent à l'entrée du village, il fit semblant d'aller plus loin. Mais ils le pressèrent en disant : « Reste avec nous, car le soir tombe et le jour va finir. » Il entra donc pour rester avec eux.

Or, s'étant mis à table avec eux, il prit le pain, le bénit, le rompit et le leur donna. Leurs yeux s'ouvrirent et ils le reconnurent ; mais il disparut de devant eux.

Et ils se dirent l'un à l'autre : « Notre cœur n'était-il pas tout brûlant au-dedans de nous, lorsqu'il nous parlait en chemin et nous expliquait les Ecritures ? »

Et, se levant sur l'heure, ils retournèrent à Jérusalem, où ils trouvèrent réunis les Onze et leurs compagnons ; ils racontèrent ce qui s'était passé sur la route et comment ils avaient reconnu Jésus à la fraction du pain. Tandis qu'ils parlaient encore, Jésus en personne se tint au milieu d'eux et leur dit : « Paix à vous ! »

JÉSUS VISITE LES APÔTRES

LES portes du lieu où se trouvaient les disciples étaient fermées par crainte des Juifs, lorsque Jésus leur apparut et se tint au milieu d'eux, en disant : « Paix à vous ! »

Et quand il eut dit cela, il leur montra ses mains et son côté. Les disciples furent remplis de joie en voyant le Seigneur.

Jésus leur dit de nouveau : « Paix à vous tous ! Comme le Père m'a envoyé, moi aussi je vous envoie. » Cela dit, il souffla sur eux et leur dit : « Recevez l'Esprit-Saint. Ceux à qui vous remettrez les péchés, ils leur seront remis ; et ceux à qui vous les retiendrez, ils leur seront retenus.

« Allez, enseignez toutes les nations, les baptisant au nom du Père et du Fils et du Saint-Esprit ; apprenez-leur à observer tout ce que je vous ai prescrit. Et voici que je suis avec vous pour toujours, jusqu'à la fin du monde. »

Mais Thomas, l'un des Douze, appelé Didyme, n'était pas avec eux lorsque Jésus vint. Aussi, quand les autres disciples lui dirent : « Nous avons vu le Seigneur, » il répondit : « Si je ne vois dans ses mains la marque des clous, si je ne mets le doigt dans la marque des clous et si je ne mets la main dans son côté, je ne croirai pas. »

Huit jours après, les disciples étaient de nouveau dans la maison, et Thomas avec eux. Jésus vint, toutes portes fermées, et se tenant au milieu d'eux, leur dit : « Paix à vous ! »

Il dit à Thomas : « Mets ton doigt là, dans mes mains ; avance aussi ta main et mets-la dans mon côté ; et ne sois pas incrédule, mais croyant. »

Thomas lui répondit : « Mon Seigneur et mon Dieu ! »

Jésus lui dit : « Parce que tu m'as vu, tu as cru. Heureux ceux qui croiront sans avoir vu. »

JÉSUS APPARAÎT EN GALILÉE

APRÈS cela, Jésus se montra encore aux disciples sur les bords de la mer de Tibériade, et voici comment.

Simon-Pierre, Thomas, appelé Didyme, Nathanaël, de Cana en Galilée, les fils de Zébédée et deux autres de ses disciples étaient ensemble.

Simon-Pierre leur dit : « Je vais pêcher. »

Ils lui dirent : « Nous allons avec toi. »

Ils sortirent et montèrent en barque, mais ils ne prirent rien de toute la nuit.

Au matin, Jésus parut sur le rivage : les disciples ne savaient pas que c'était lui.

Jésus leur dit : « Enfants, avez-vous du poisson ? »

« Non », répondirent-ils.

Il leur dit alors : « Jetez le filet à droite de la barque et vous en trouverez. »

Ils le jetèrent, et ils ne pouvaient plus le retirer, tant il était plein.

Alors Jean dit à Pierre : « C'est le Seigneur ! »

Simon-Pierre, ayant entendu que c'était le Seigneur, ceignit son vêtement et se jeta à l'eau. Les autres disciples vinrent avec la barque (ils étaient environ à deux cents coudées du rivage), en tirant le filet et ses poissons.

Une fois descendus à terre, ils virent là un feu de braise, avec du poisson dessus et du pain.

Jésus leur dit : « Apportez de ces poissons que vous venez de prendre. »

Simon-Pierre monta dans la barque et tira à terre le filet, plein de gros poissons : cent-cinquante-trois ; et malgré le nombre, le filet ne se déchira pas.

Jésus leur dit : « Venez manger. »

Aucun des disciples n'osait lui demander : « Qui êtes-vous ? » sachant que c'était le Seigneur.

Jésus s'approcha pour leur servir le pain et le poisson. Ce fut la troisième fois que Jésus se montra à ses disciples, après sa résurrection.

L'ASCENSION

JÉSUS apparut à ses disciples pendant quarante jours, les entretenant du royaume de Dieu. Il leur recommandait de ne pas quitter Jérusalem, mais d'attendre ce que le Père avait promis.

Il leur disait : « Jean a baptisé dans l'eau, mais vous, d'ici peu de jours, vous serez baptisés du Saint-Esprit. Et lorsque le Saint-Esprit descendra sur vous, vous recevrez la force et vous me rendrez témoignage à Jérusalem, dans toute la Judée, en Samarie et jusqu'aux extrémités de la terre. »

Puis il emmena les disciples jusque vers Béthanie et, levant les mains, il les bénit. Or, tandis qu'il les bénissait, il se sépara d'eux et fut emporté au ciel, et une nuée le déroba à leurs yeux.

Et comme ils avaient les regards fixés vers le ciel pendant qu'il s'élevait, voici que deux hommes vêtus de blanc leur apparurent, disant : « Hommes de Galilée, pourquoi restez-vous là à regarder au ciel ? Ce Jésus qui, du milieu de vous, a été enlevé au ciel, en reviendra de la même manière que vous l'y avez vu monter. »

Ils retournèrent alors à Jérusalem, tout pleins de joie, et ils étaient continuellement dans le temple à louer Dieu.

LES APÔTRES CONTINUENT L'ŒUVRE DU SEIGNEUR

LE DON DES LANGUES

L E jour de la Pentecôte, les disciples étaient tous réunis en un même lieu. Tout à coup il vint du ciel un bruit comme celui d'un vent impétueux, qui remplit toute la maison.

Et ils virent paraître comme des langues de feu qui se posèrent sur chacun d'eux. Ils furent tous remplis du Saint-Esprit, et ils se mirent à parler diverses langues, selon que l'Esprit leur donnait de s'exprimer.

Il y avait, vivant à Jérusalem, des Juifs pieux de toutes les nations du monde. A cette nouvelle, ils accoururent en foule et furent stupéfaits, car chacun les entendait parler sa propre langue.

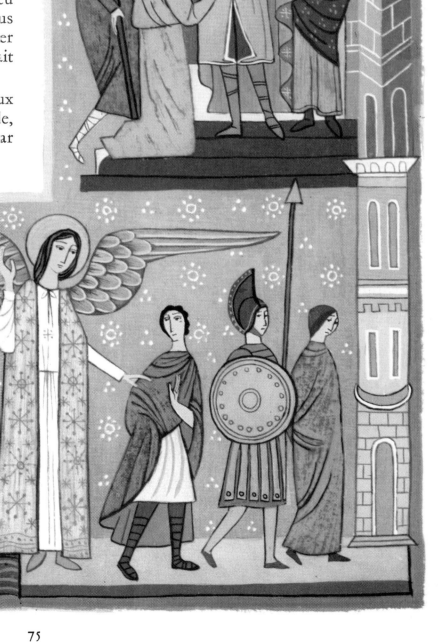

Ils étaient tous dans l'admiration et se disaient entre eux : « Ces gens qui parlent ne sont-ils pas tous Galiléens ? Comment se fait-il que chacun de nous les entende parler la langue de son pays ? Nous tous, Parthes, Mèdes, Elamites, habitants de Mésopotamie, de Judée et de Cappadoce, du Pont et d'Asie, de Phrygie et de Pamphilie, d'Egypte et de Cyrénaïque, Romains de passage ici, Juifs et prosélytes, Crétois et Arabes, nous les entendons raconter dans notre langue les merveilles de Dieu. »

Ils se disaient donc les uns aux autres : « Que veut dire cela ? »

D'autres disaient en se moquant : « Ils ont trop bu de vin nouveau. »

Alors Pierre, se présentant avec les Onze, éleva la voix et leur dit : « Juifs, et vous tous qui séjournez à Jérusalem, écoutez-moi et apprenez la vérité : ces gens ne sont pas ivres, comme vous supposez, car voici seulement la troisième heure du jour. Mais c'est bien ce qu'a annoncé le prophète Joël :

« Dans les derniers jours, dit Dieu, je répandrai mon Esprit sur tous les hommes. Vos fils et vos filles prophétiseront, vos jeunes gens auront des visions et vos vieillards des songes. Et je ferai paraître des prodiges dans le ciel et des miracles sur la terre : du sang, du feu et des tourbillons de fumée. Le soleil se changera en ténèbres et la lune en sang, avant que vienne le jour du Seigneur. Alors quiconque invoquera le nom du Seigneur sera sauvé. » Et il leur parlait de Jésus-Christ, le Fils de Dieu.

Ceux qui reçurent la parole de Pierre furent baptisés ; et ce jour-là le nombre des disciples s'augmenta d'environ trois mille. Ils suivaient assidûment l'enseignement des apôtres, fidèles à la charité, à la fraction du pain et aux prières.

La crainte s'emparait de chacun, et beaucoup de miracles se faisaient par les apôtres.

Tous les croyants étaient unis ensemble, et ils avaient tout en commun. Ils vendaient leurs biens et en partageaient le prix entre tous, selon les besoins de chacun.

Chaque jour ils fréquentaient le temple et rompaient le pain dans leurs maisons, prenant leur nourriture avec joie et simplicité. Ils louaient Dieu et avaient la faveur de tout le peuple. Et le Seigneur ajoutait chaque jour à l'Eglise ceux qui devaient être sauvés.

GUÉRISON D'UN BOITEUX

PIERRE et Jean montaient au temple pour la prière de la neuvième heure. Or il y avait un homme, boiteux de naissance, qui se faisait porter chaque jour à la porte du temple appelée la Belle Porte et se tenait là pour demander l'aumône à ceux qui entraient.

Voyant Pierre et Jean qui allaient entrer dans le temple, il leur demanda l'aumône. Pierre, fixant les yeux sur lui, ainsi que Jean, lui dit : « Regarde-nous. »

Il les regarda attentivement, s'attendant à recevoir d'eux quelque chose. Mais Pierre lui dit : « Je n'ai ni or, ni argent, mais ce que j'ai, je te le donne : au nom de Jésus-Christ de Nazareth, lève-toi et marche. »

Et le prenant par la main droite, il le releva. A l'instant ses pieds et ses chevilles s'affermirent ; d'un bond il fut debout et se mit à marcher. Il entra avec eux dans le temple, marchant, sautant et louant Dieu.

Tout le peuple le vit marcher et louer Dieu. On reconnaissait bien le mendiant qui était assis à la Belle Porte du temple ; et l'on fut rempli de stupeur et d'effroi au sujet de ce qui lui était arrivé.

Comme il ne quittait pas Pierre et Jean, tout le peuple étonné accourut vers eux, au portique dit de Salomon.

Voyant cela, Pierre dit au peuple : « Hommes d'Israël, pourquoi vous étonner de cela ? Qu'avez-vous à nous regarder, comme si c'était par l'effet de notre puissance ou de notre piété que nous l'avons fait marcher ?

« Le Dieu d'Abraham, d'Isaac et de Jacob, le Dieu de nos pères a glorifié son Fils Jésus, que vous avez livré et renié devant Pilate, alors qu'il était décidé à le relâcher. Mais vous, vous avez renié le Saint et le Juste et vous avez demandé la grâce d'un meurtrier. Vous avez fait mourir le Prince de la vie, que Dieu a ressuscité des morts ; nous en sommes témoins. C'est la foi en son nom qui a rendu la force à cet homme que vous connaissez. »

Tandis qu'ils parlaient au peuple, survinrent les prêtres, le commandant du temple et les Sadducéens, mécontents de ce qu'ils enseignaient le peuple et annonçaient en la personne de Jésus la résurrection des morts. Ils les arrêtèrent et les emprisonnèrent jusqu'au lendemain.

Cependant beaucoup de ceux qui les avaient entendus crurent, et le nombre des hommes s'éleva à cinq mille environ.

LES APÔTRES SONT DÉLIVRÉS DE PRISON

LE lendemain les chefs des Juifs, les Anciens et les Scribes s'assemblèrent à Jérusalem, avec Anne, le grand-prêtre, Caïphe, Jean, Alexandre, et les membres de la famille du grand-prêtre.

Ils délibérèrent entre eux, disant : « Que ferons-nous à ces hommes ? Car il est manifeste pour tous les habitants de Jérusalem qu'ils ont accompli un miracle, et nous ne pouvons le nier. Mais pour que la chose ne se répande pas davantage, défendons-leur avec menaces de parler désormais à qui que ce soit en ce nom-là. »

Ils les firent donc comparaître et leur interdirent de parler et d'enseigner au nom de Jésus.

Pierre et Jean leur répondirent : « Jugez s'il est juste devant Dieu de vous obéir plutôt qu'à Dieu ; car nous ne pouvons pas ne pas dire ce que nous avons vu et entendu. »

Après leur avoir fait de nouvelles menaces, ils les relâchèrent. Les apôtres accomplirent alors beaucoup de miracles parmi le peuple ; à tel point qu'on transportait les malades dans les rues et qu'on les plaçait sur des lits ou des civières afin que du moins l'ombre de Pierre, en passant, couvrît l'un d'eux.

Les foules venaient même des villes voisines de Jérusalem, amenant des malades et des gens possédés d'esprits impurs, et tous étaient guéris.

Alors le grand-prêtre et tous les Sadducéens qui étaient avec lui se levèrent, remplis d'indignation. Ils mirent la main sur les apôtres et les jetèrent dans la prison publique.

Mais l'Ange du Seigneur ouvrit les portes de la prison pendant la nuit, les fit sortir et leur dit : « Allez dans le temple et annoncez au peuple toutes ces paroles de vie. »

Ayant entendu cela, ils entrèrent au temple dès le matin et se mirent à enseigner.

Cependant le grand-prêtre arriva avec ceux de son entourage. Ils convoquèrent le Conseil et tous les anciens d'Israël et ils envoyèrent chercher les apôtres à la prison.

Les agents y allèrent et ne les trouvèrent pas dans la prison. Au retour, ils firent leur rapport de cela. C'est alors qu'un homme vint leur dire : « Ceux que vous avez mis en prison, les voilà qui sont dans le temple et enseignent le peuple. »

Ils les firent donc amener et, après les avoir frappés de verges, les laissèrent en liberté.

ÉTIENNE, LE PREMIER MARTYR

ÉTIENNE, plein de grâce et de force, faisait des prodiges et des miracles éclatants parmi le peuple.

Certains membres de la synagogue vinrent discuter avec lui, mais ils ne pouvaient tenir tête à la Sagesse et à l'Esprit qui le faisaient parler. Alors ils soudoyèrent des gens pour dire : « Nous l'avons entendu prononcer des paroles blasphématoires contre Moïse et contre Dieu. »

Ils ameutèrent ainsi le peuple, les Anciens et les Scribes, puis ils se saisirent de lui par surprise et l'emmenèrent devant le Conseil.

Ils produisirent de faux témoins, qui disaient : « Cet homme ne cesse pas de tenir des propos contre ce lieu saint et contre la Loi. Nous l'avons entendu dire que Jésus, ce Nazaréen, détruira ce lieu-ci et changera les coutumes que Moïse nous a données. »

Or, tous ceux qui siégeaient au Conseil avaient les yeux fixés sur lui, et son visage leur parut comme celui d'un ange.

Le grand-prêtre lui dit : « En est-il bien ainsi ? »

Il répondit : « Frères et pères, écoutez. Le Très-Haut n'habite pas dans des temples faits de main d'homme, comme dit le prophète : Le ciel est mon trône et la terre mon marchepied. Quelle maison me bâtirez-vous, dit le Seigneur, et quel sera le lieu de mon repos ? N'est-ce pas ma main qui a fait tout cela ?

« Têtes dures, oreilles et cœurs païens ! vous résistez toujours à l'Esprit-Saint ; tels furent vos pères, tels vous êtes. Lequel des prophètes vos pères n'ont-ils pas persécuté ? Ils ont même tué ceux qui prédisaient la venue du Juste, que vous venez de trahir et de mettre à mort, vous qui avez reçu la Loi par le ministère des anges et ne l'avez pas observée. »

A ces mots, la rage déchirait leurs cœurs, et ils grinçaient des dents contre lui. Mais lui, rempli de l'Esprit-Saint et fixant son regard au ciel, vit la gloire de Dieu et Jésus debout à la droite de Dieu.

Il dit : « Voici que je vois les cieux ouverts et le Fils de l'homme debout à la droite de Dieu. »

Ils poussèrent alors de grands cris, en se bouchant les oreilles, et se jetèrent tous ensemble sur lui. Ils l'entraînèrent hors de la ville et le lapidèrent. Les témoins déposèrent leurs vêtements aux pieds d'un jeune homme nommé Saül.

Tandis qu'on le lapidait, Etienne priait en disant : « Seigneur Jésus, recevez mon esprit. » Puis, s'étant mis à genoux, il s'écria : « Seigneur, ne leur imputez pas ce péché. » Et après ces paroles, il s'endormit.

SAÜL SUR LE CHEMIN DE DAMAS

CEPENDANT Saül ravageait l'Eglise ; pénétrant dans les maisons, il en arrachait hommes et femmes et les traînait en prison.
Ne respirant toujours que menaces et carnage contre les disciples du Seigneur, Saül alla trouver le grand-prêtre et lui demanda des lettres pour les synagogues de Damas, afin que, s'il y trouvait quelques adeptes de la doctrine du Christ, hommes ou femmes, il les amenât enchaînés à Jérusalem.

Comme il faisait route et approchait de Damas, tout à coup une lumière venue du ciel brilla autour de lui. Il tomba à terre et entendit une voix qui lui disait : « Saül, Saül, pourquoi me persécutes-tu ? »

Il répondit : « Qui êtes-vous, Seigneur ? »

Et le Seigneur dit : « Je suis Jésus que tu persécutes. »

Tremblant et épouvanté, il dit : « Seigneur, que voulez-vous que je fasse ? »

Le Seigneur reprit : « Lève-toi, va à la ville, et l'on te dira ce que tu dois faire. »

Ses compagnons restèrent muets de stupeur : ils entendaient la voix, mais ne voyaient personne.

Saül se releva de terre, mais en ouvrant les yeux il ne vit point. On le conduisit par la main dans la ville, et il y fut trois jours sans voir ; il ne mangeait ni ne buvait.

Or il y avait à Damas un disciple nommé Ananie. Le Seigneur lui dit dans une vision : « Ananie ! » Il répondit : « Me voici, Seigneur. »

Le Seigneur reprit : « Lève-toi, va dans la rue Droite et demande, dans la maison de Judas, un nommé Saül de Tarse, car il est en prière et il a vu dans une vision Ananie entrer et lui imposer les mains pour lui rendre la vue. »

Ananie répliqua : « Seigneur, j'ai appris de plusieurs tout le mal que cet homme a fait à vos saints à Jérusalem. Et il a reçu pouvoir, de la part des Princes des prêtres, d'enchaîner tous ceux qui invoquent votre nom. »

Mais le Seigneur lui dit : « Va, car cet homme est un instrument que j'ai choisi pour porter mon nom devant les nations, les rois et les fils d'Israël ; et je lui montrerai tout ce qu'il doit souffrir pour mon nom. »

Alors Ananie partit, entra dans la maison, et imposa les mains à Saül en disant : « Saül, mon frère, le Seigneur Jésus qui t'est apparu sur ton chemin m'a envoyé pour que tu recouvres la vue et que tu sois rempli du Saint-Esprit. »

A l'instant, il tomba de ses yeux comme des écailles, et il recouvra la vue. Aussitôt il fut baptisé.

Après qu'il eut mangé, les forces lui revinrent ; et il passa quelques jours avec les disciples à Damas.

Il commença immédiatement à prêcher dans les synagogues que le Christ est le Fils de Dieu. Tous ceux qui l'entendaient étaient dans l'étonnement et disaient : « N'est-ce pas lui qui, à Jérusalem, persécutait ceux qui invoquent ce nom, et qui était venu ici pour les emmener enchaînés aux Princes des prêtres ? »

Mais Saül se fortifiait de plus en plus et confondait les Juifs de Damas, leur démontrant que Jésus est vraiment le Christ, si bien qu'au bout de quelque temps les Juifs formèrent le projet de le tuer.

Mais Saül eut connaissance de leur complot. On gardait les portes nuit et jour, afin de le faire périr. Alors les disciples le prirent de nuit et le descendirent dans une corbeille le long de la muraille.

Arrivé à Jérusalem, Saül se joignit au groupe des disciples.

CORNEILLE, LE BON CENTURION

IL y avait à Césarée un homme du nom de Corneille, centurion romain. Pieux et craignant Dieu, ainsi que toute sa maison, il faisait beaucoup d'aumônes au peuple et priait Dieu sans cesse.

Un jour il eut une vision : un ange entrait chez lui et l'appelait : « Corneille ! »

A sa vue, il fut effrayé et dit : « Seigneur, qu'y a-t-il ? »

L'ange lui répondit : « Tes prières et tes bonnes œuvres sont montées devant Dieu, et il s'est souvenu de toi. Envoie maintenant des hommes à Joppé et fais venir Simon, surnommé Pierre. Il loge chez un certain Simon, corroyeur, dont la maison est au bord de la mer. »

Dès que l'ange qui lui parlait fut parti, Corneille appela deux de ses serviteurs et un soldat pieux de sa garde personnelle, et après les avoir mis au courant, il les envoya à Joppé.

Le lendemain, comme ils approchaient de la ville, Pierre monta sur la terrasse pour prier, à l'heure de midi. Et tandis qu'il était là, les hommes envoyés par Corneille, s'étant enquis de la maison de Simon, se présentèrent à la porte. Ils appelèrent et demandèrent si c'était bien là que logeait Simon, surnommé Pierre.

L'Esprit-Saint dit à Pierre : « Voici trois hommes qui te cherchent. Descends et pars avec eux sans crainte, car c'est moi qui les ai envoyés. »

Pierre descendit vers eux et leur dit : « Je suis celui que vous cherchez. Quel motif vous amène ? »

Ils répondirent : « Le centurion Corneille, homme juste et craignant Dieu, estimé de tous les Juifs, a été averti par un saint ange de te faire venir dans sa maison et d'écouter tes paroles. »

Pierre les fit donc entrer et les logea. Le lendemain il partit avec eux, et quelques-uns des frères de Joppé l'accompagnèrent.

Ils entrèrent à Césarée le jour suivant. Corneille les attendait et avait invité ses parents et ses amis intimes.

Lorsque Pierre entra, Corneille alla au-devant de lui et se prosterna à ses pieds. Mais Pierre le releva en disant : « Debout ! Moi aussi, je suis un homme. » Tout en parlant avec lui, il entra et trouva beaucoup de personnes réunies.

Il leur dit : « Vous savez qu'il est défendu à un Juif de fréquenter un étranger ou d'entrer chez lui ; mais Dieu m'a appris à ne regarder aucun homme comme souillé ou impur.

« Aussi ai-je répondu sans hésiter à votre appel. Puis-je vous demander à présent pourquoi vous m'avez fait venir ? »

Corneille lui raconta sa vision.

Alors Pierre prit la parole et dit : « Oui, je le vois, Dieu ne fait point acception des personnes, mais en toute nation celui qui le craint et pratique la justice lui est agréable. »

Tandis que Pierre parlait encore, le Saint

Esprit descendit sur tous ceux qui écoutaient la parole. Et tous les frères qui étaient venus avec Pierre furent stupéfaits de voir que le don du Saint-Esprit était répandu aussi sur les Gentils, car ils les entendaient parler des langues et glorifier Dieu.

Pierre dit alors : « Peut-on refuser l'eau du baptême à ceux qui ont reçu le Saint-Esprit aussi bien que nous ? » Et il ordonna de les baptiser au nom du Seigneur.

Après quoi ils le prièrent de rester quelques jours avec eux.

PIERRE EN PRISON

VERS ce temps-là, le roi Hérode se mit à maltraiter plusieurs membres de l'Eglise. Il fit périr par l'épée Jacques, frère de Jean. Voyant que cela était agréable aux Juifs, il fit encore arrêter Pierre : c'était pendant les jours des Azymes.

Il le fit saisir et jeter en prison, le donnant à garder à quatre escouades de quatre soldats ; il voulait le faire comparaître devant le peuple après la Pâque.

Pierre était donc gardé dans la prison, mais les prières de l'Eglise montaient sans cesse vers Dieu en sa faveur.

La nuit même avant le jour où Hérode devait le faire comparaître, Pierre, lié de deux chaînes, dormait entre deux soldats, et les gardes se tenaient aux portes de la prison.

Tout à coup un ange du Seigneur survint, et une lumière brilla dans la prison. L'ange frappa Pierre au côté et le réveilla en disant : « Debout ! vite ! » Et les chaînes tombèrent de ses mains. L'ange lui dit : « Mets ta ceinture et tes sandales. » Il le fit et l'ange ajouta : « Prends ton manteau et suis-moi. »

Pierre sortit et le suivit, ne sachant pas que ce qui se faisait par l'ange fût vrai et croyant rêver.

Après avoir dépassé la première garde, puis la seconde, ils arrivèrent à la porte de fer qui donne sur la ville : elle s'ouvrit d'elle-même devant eux. Ils sortirent, s'engagèrent dans une rue, et aussitôt l'ange le quitta.

Quand Pierre revint à lui, il se dit : « Je vois bien maintenant que le Seigneur a envoyé son ange et m'a délivré de la main d'Hérode et de tout ce que le peuple juif attendait. »

Après avoir fait cette réflexion, il se dirigea vers la maison de Marie, mère de Jean, surnommé Marc, où beaucoup de fidèles étaient réunis et priaient.

Il frappa à la porte d'entrée, et une servante, nommée Rhodé, s'approcha pour écouter. Elle reconnut la voix de Pierre et, dans sa joie, au lieu d'ouvrir, elle courut annoncer que Pierre était là, à la porte.

Ils lui dirent : « Tu es folle ! » Mais elle soutenait qu'il en était bien ainsi. « C'est son ange », dirent-ils alors.

Pierre cependant continuait à frapper. Ils ouvrirent enfin et, en le voyant, furent saisis de stupeur. Mais il leur fit de la main signe de se taire et leur raconta comment le Seigneur l'avait tiré de la prison. Il ajouta : « Annoncez-le aux frères. » Puis il sortit et s'en alla dans un autre endroit.

Quand il fit jour, ce fut grand émoi chez les soldats au sujet de la disparition de Pierre. Hérode, l'ayant envoyé chercher sans qu'on le trouvât, interrogea les gardes, puis les fit mettre à mort.

LA DIFFUSION DES ÉGLISES

IL y avait dans l'Eglise d'Antioche des prophètes et des docteurs : Barnabé, Siméon appelé Niger, Lucius de Cyrène, Manaën, ami d'enfance d'Hérode le tétrarque, et Saül appelé aussi Paul. Un jour qu'ils vaquaient au service du Seigneur et qu'ils jeûnaient, l'Esprit-Saint leur dit : « Mettez-moi à part Saül et Barnabé pour l'œuvre à laquelle je les ai appelés. »

Alors, après avoir jeûné et prié, ils leur imposèrent les mains et les laissèrent partir. Eux donc, envoyés par le Saint-Esprit, s'embarquèrent pour Chypre au port de Séleucie.

Ce fut pour Paul le début d'un long voyage : à Paphos, en Pamphilie, en Pisidie, il prêcha dans les synagogues et dans les rues, annonçant la Bonne Nouvelle aux Juifs comme aux Gentils. Car, disait-il, « Le Seigneur nous l'a ainsi ordonné : Je t'ai établi lumière des nations, pour porter le salut jusqu'aux extrémités de la terre. »

A maintes reprises les Juifs incrédules excitèrent leur peuple et les Gentils eux-mêmes contre Paul et Barnabé. Ceux-ci furent parfois chassés hors des villes ; Paul un jour fut lapidé et laissé pour mort. Ils n'en continuèrent pas moins, en Syrie et en Cilicie, à enseigner, à baptiser et à fonder de nouvelles Eglises.

LES APÔTRES PRIS POUR DES DIEUX

IL y avait à Lystres un homme important de naissance, qui n'avait jamais marché. Il écoutait parler Paul ; et Paul, fixant sur lui son regard et voyant qu'il avait la foi pour être guéri, dit d'une voix forte : « Lève-toi droit sur tes pieds ! » Il se dressa d'un bond et se mit à marcher.

A la vue de ce que Paul avait fait, les gens s'écrièrent dans leur langue : « Les dieux sont descendus vers nous sous forme humaine. » Ils appelaient Barnabé Jupiter et Paul Mercure, parce qu'il était le porte-parole.

Alors le prêtre de Jupiter, dont le temple était en dehors de la ville, amena au portail des taureaux ornés de guirlandes, et il se préparait à offrir un sacrifice avec la foule.

Apprenant cela, les apôtres déchirèrent leurs

vêtements et se précipitèrent au milieu de la foule, en criant : « Amis, que faites-vous ? Nous sommes des hommes de même condition que vous, et nous vous enseignons qu'il faut renoncer à ces vaines idoles pour vous tourner vers le Dieu vivant, qui a fait le ciel, la terre, la mer et toutes choses au monde.

« Dans les temps passés, il a laissé toutes les nations suivre leurs voies, mais il n'a cessé de se rendre témoignage par ses bontés à notre égard, nous dispensant du ciel pluies et saisons fécondes, rassasiant nos cœurs de nourriture et de félicité. »

Malgré ces paroles, c'est à peine s'ils parvinrent à empêcher la foule de leur offrir un sacrifice.

HISTOIRE D'EUTYCHUS

L E premier jour de la semaine, les disciples étaient réunis à Troas pour la fraction du pain. Paul, qui devait partir le lendemain, s'entretenait avec eux : il prolongea son discours jusqu'à minuit.

Il y avait beaucoup de lampes dans la chambre haute où ils étaient réunis. Or un jeune homme, nommé Eutychus, qui était assis sur le bord de la fenêtre, s'endormit profondément, tandis que Paul discourait toujours. Entraîné par le sommeil, il tomba du troisième étage en bas et fut relevé mort.

Paul descendit, se pencha sur lui et le prit dans ses bras, en disant : « Ne vous troublez pas, car son âme est en lui. »

Puis il remonta, rompit le pain et mangea, et il parla longtemps encore, jusqu'à l'aube. Alors il partit. Quant au jeune homme, on le ramena vivant, et ce ne fut pas une mince consolation.

PAUL EN PRISON

PAUL fit ses adieux aux anciens de l'Eglise d'Ephèse, leur disant qu'il ne les reverrait plus : « Je m'en vais, poussé par l'Esprit, à Jérusalem, sans savoir ce qui m'y adviendra. »

A Jérusalem, les Juifs d'Asie, voyant Paul dans le temple, ameutèrent la foule à grands cris et mirent la main sur lui. Toute la ville fut en émoi, et le peuple accourut de toutes parts : on prit Paul et on le traîna hors du temple, dont les portes furent immédiatement fermées.

Comme ils cherchaient à le tuer, la nouvelle arriva au tribun de la cohorte que tout Jérusalem était en effervescence. Il prit aussitôt des soldats et des officiers et se porta vers les manifestants. Ceux-ci, à la vue du chef et de la troupe, cessèrent de frapper Paul.

Alors le tribun s'approcha, se saisit de lui et le fit lier de deux chaînes ; puis il demanda qui il était et ce qu'il avait fait.

Mais dans la foule les uns criaient une chose, les autres une autre. Ne pouvant, en raison du tumulte, obtenir aucun renseignement, il ordonna d'emmener Paul dans la forteresse.

Quand il fut sur les degrés, il dut être porté par les soldats, à cause de la violence de la foule ; car le peuple le suivait en vociférant : « A mort ! »

Paul transféré à Césarée.

Plusieurs parmi les Juifs s'étaient engagés par serment à ne pas manger et ne pas boire avant

de l'avoir tué. Mais le fils de la sœur de Paul le prévint de ce complot et, à la demande de Paul, il en avertit également le tribun (qui savait que Paul était citoyen romain). Le tribun donna l'ordre à deux cents soldats, soixante-dix cavaliers et deux cents archers d'accompagner Paul, de nuit, jusqu'à Césarée pour le remettre aux mains de Félix, le gouverneur.

Félix, le gouverneur.

Félix, le gouverneur, était assez informé de la doctrine des disciples du Christ. Au bout de quelques jours, il vint avec sa femme Drusilla, qui était juive. Il fit appeler Paul et l'écouta parler de la foi au Christ. Il espérait d'ailleurs que Paul lui donnerait de l'argent, pour obtenir sa liberté. Il prescrivit au centurion de garder Paul, mais de lui laisser quelques facilités et de n'empêcher aucun des siens de lui rendre service. Paul resta ainsi détenu deux ans, jusqu'à ce que Porcius Festus succédât à Félix.

Paul en appelle à César.

Quand Festus arriva dans la province, il demanda à Paul s'il consentait à monter à Jérusalem pour y être jugé en sa présence. Mais Paul, connaissant la haine des Juifs de Jérusalem contre lui, et connaissant aussi ses privilèges de citoyen romain, lui dit : « Je veux être jugé devant le tribunal de César, à Rome; je n'ai fait aucun tort aux Juifs, comme tu le sais. »

Paul comparaît devant Agrippa.

Quelques jours plus tard, le roi Agrippa et sa sœur Bérénice arrivèrent à Césarée pour saluer Festus. Pendant leur séjour, Festus exposa au roi l'affaire de Paul : comment les gens de Jérusalem demandaient sa mort, sans que personnellement il le trouvât coupable, et comment Paul en ayant appelé à César devait être envoyé à Rome.

Agrippa dit à Festus : « Je voudrais, moi aussi, entendre cet homme. »

« Demain », dit Festus, « tu l'entendras. Peut-être qu'après cet interrogatoire je pourrai faire un rapport sur lui ; car il me paraît absurde d'envoyer un prisonnier à Rome sans spécifier de quoi on l'accuse. »

Le lendemain, Agrippa et Bérénice vinrent en grande pompe. Quand ils furent dans la salle d'audience avec les tribuns et les notables de la ville, Paul fut amené sur l'ordre de Festus.

Agrippa dit à Paul : « Tu peux présenter ta défense. »

Alors Paul étendit la main et se mit à parler de sa foi; il en parla de façon si vibrante qu'Agrippa lui dit : « Tu me persuaderais presque de devenir chrétien. »

Paul répondit : « Plaise à Dieu que non seulement toi, mais tous ceux qui m'écoutent aujourd'hui, vous deveniez tels que je suis, à l'exception de ces chaînes! »

Alors le roi se leva, ainsi que le gouverneur, Bérénice et toute leur suite ; et ils disaient en se retirant : « Cet homme n'a rien fait qui mérite la mort ni les chaînes. »

Agrippa, lui, dit à Festus : « Cet homme pourrait être relâché, s'il n'en avait pas appelé à César. »

Paul fait naufrage.

Le gouverneur, ayant décidé de l'envoyer en Italie, le confia à la garde d'un centurion romain. Ils prirent la mer sur un bateau qui les conduisit en quinze jours à Myre en Lycie.

Ils trouvèrent là un navire en partance pour l'Italie. Assez longtemps après, ils touchèrent à un port de Crète. La saison était avancée et la navigation devenait périlleuse. Bien que Paul les en dissuadât, ils décidèrent de gagner pour l'hiver le port plus hospitalier de Phénix.

Mais bientôt, venant de l'île, se déchaîna un vent d'ouragan qui entraîna le navire à la dérive.

La tempête, jour après jour, ne cessait de faire rage : tous se croyaient perdus.

Paul, cependant, les réconfortait, car un ange lui avait révélé qu'aucun d'eux ne périrait. La quatorzième nuit enfin, ils sentirent la proximité d'une terre. Paul leur fit prendre à tous quelque nourriture. Lui-même mangea après avoir rompu le pain et rendu grâces à Dieu.

Le jour venu, ils essayèrent d'avancer jusqu'au rivage. Mais ayant touché un haut-fond, ils y firent échouer le navire. La proue s'immobilisa, tandis que la poupe était disloquée par les vagues. Tous néanmoins se sauvèrent, qui à la nage, qui sur des épaves.

Paul passe l'hiver à Malte.

Une fois sauvés, ils reconnurent que l'île s'appelait Malte. Les indigènes furent très bienveillants pour eux. Ils les accueillirent tous autour d'un feu, à cause de la pluie et du froid.

Comme Paul ramassait une brassée de bois sec et la jetait au feu, une vipère, que la chaleur en fit sortir, s'attacha à sa main.

Quand les indigènes virent la bête venimeuse suspendue à sa main, ils murmurèrent entre eux : « Assurément cet homme est un meurtrier : la justice divine ne lui permet pas de vivre, bien qu'il ait échappé à la mer. »

Mais lui secoua la bête dans le feu et n'en ressentit aucun mal. Ils s'attendaient à le voir enfler ou tomber mort subitement ; mais après avoir longtemps attendu, voyant qu'il ne lui arrivait aucun mal, ils changèrent d'avis et dirent que c'était un dieu.

Il y avait, tout près de là, un domaine appartenant au gouverneur de l'île. Celui-ci reçut Paul et l'hébergea complaisamment pendant trois jours.

A ce moment-là, Paul guérit le père du gouverneur ; sur quoi, les autres malades de l'île vinrent le trouver et furent guéris. Paul fut comblé d'honneurs et, à son départ, ils le pourvurent de tout ce qui pouvait lui être nécessaire.

Au bout de trois mois, il s'embarqua sur un navire d'Alexandrie qui avait hiverné dans l'île et ils arrivèrent à Rome sans encombre, en quelques étapes.

Paul à Rome.

Dès leur arrivée à Rome, le centurion remit Paul à ses chefs, et Paul fut autorisé à loger en son domicile particulier avec un soldat pour le garder.

Les frères qui se trouvaient dans la ville étaient venus à sa rencontre jusqu'au Forum d'Appius et aux Trois Tavernes. En les voyant, Paul rendit grâces à Dieu et reprit courage.

Et quoique les Juifs de Rome fussent divisés entre eux au sujet de la nouvelle doctrine, Paul vécut deux ans entiers dans la maison qu'il avait louée, et il y reçut tous ceux qui venaient le voir, prêchant le royaume de Dieu et enseignant ce qui concerne le Seigneur, en toute liberté et sans obstacle.

LES LETTRES DE PAUL

LORS de ses nombreux voyages et pendant son séjour à Rome, d'abord dans sa maison à lui et plus tard en prison, Paul resta en contact par lettres avec les Eglises qu'il avait fondées.

Timothée, son disciple, écrivait souvent ces lettres que Paul lui dictait, et allait lui-même les remettre à leurs destinataires. Bien d'autres fidèles des jeunes Eglises portèrent, tour à tour, ces lettres pleines de conseils, d'enseignements, d'encouragements et d'affection.

Les lettres de Paul et de quelques autres apôtres constituent, dans le reste du Nouveau-Testament, la partie principale. Voici quelques-uns des plus beaux passages des lettres de Paul.

Foi, Espérance et Charité.

Quand je parlerais les langues des hommes et des anges, si je n'ai pas la charité, je suis un airain qui résonne ou une cymbale qui retentit. Quand j'aurais le don de prophétie, la science de tous les mystères et toutes les connaissances, quand j'aurais même toute la foi jusqu'à transporter des montagnes, si je n'ai pas la charité, je ne suis rien.

Quand je distribuerais tous mes biens aux pauvres, quand je livrerais mon corps aux flammes, si je n'ai pas la charité, cela ne me sert de rien.

La charité est patiente, elle est bonne ; elle n'est point envieuse ; elle ne se vante ni ne s'enorgueillit ; elle n'est point avide d'honneur ; elle ne cherche point son intérêt, elle ne s'irrite point, elle ne soupçonne point le mal ; elle ne se réjouit pas de l'injustice, mais bien de la vérité ; elle excuse tout, elle croit tout, elle espère tout, elle supporte tout.

La charité ne périra jamais. Les prophéties prendront fin, les langues cesseront, la science aura son terme.

Car nous connaissons en partie, et nous prophétisons en partie, mais quand viendra ce qui est parfait, ce qui est partiel prendra fin.

Lorsque j'étais enfant, je parlais, je pensais, je raisonnais comme un enfant, mais devenu homme, j'ai laissé ce qui était puéril.

Maintenant nous voyons dans un miroir, obscurément, mais alors nous verrons face à face ; maintenant je connais en partie, mais alors je connaîtrai comme je suis connu de Dieu.

Maintenant ces trois choses demeurent : foi, espérance et charité ; mais la plus grande des trois, c'est la charité.

Les armes de Dieu.

Fortifiez-vous dans le Seigneur et dans sa force toute-puissante. Revêtez-vous de toutes les armes de Dieu, afin de pouvoir tenir contre les ruses du diable. Car nous n'avons pas à lutter contre la chair et le sang, mais contre les puissances, contre les autorités, contre les princes de ce monde de ténèbres, contre les esprits mauvais dans les régions de l'air.

C'est pourquoi, prenez toutes les armes de Dieu, afin de pouvoir résister dans le jour mauvais, et tenir bon après avoir tout surmonté.

Tenez donc ferme : ayez à vos reins la vérité pour ceinture, revêtez la cuirasse de la justice, mettez pour chaussure à vos pieds le zèle que donne l'Evangile de paix. Prenez, par-dessus tout, le bouclier de la foi, avec lequel vous pourrez repousser tous les traits enflammés du malin. Prenez aussi le casque du salut, et l'épée de l'Esprit, qui est la parole de Dieu.

Jugement de Paul sur son œuvre.

Sont-ils ministres du Christ ? (Je vais parler en insensé). Je le suis plus qu'eux : j'ai supporté plus de travaux, plus de coups, plus d'emprisonnements ; j'ai souvent été en danger de mort.

Cinq fois j'ai reçu des Juifs trente-neuf coups ; trois fois j'ai été battu de verges, et une fois lapidé ; trois fois j'ai fait naufrage ; j'ai passé un jour et une nuit dans l'abîme. Et dans mes voyages, que de périls ! périls sur les fleuves, périls de la part des brigands, périls de la part de mes compatriotes, périls de la part des Gentils, périls dans les villes et dans les déserts, périls de la part des faux frères. J'ai connu les labeurs et les peines, les veilles, la faim, la soif, les jeûnes, le froid, la nudité. Outre ces maux qui sont extérieurs, il y a mon souci de chaque jour, la pensée de toutes les Eglises.

Mais voici que je suis prêt à être offert en sacrifice, et le moment de mon départ approche. J'ai combattu le bon combat, j'ai achevé ma course, j'ai conservé la foi. Reste la couronne de justice qui m'est réservée et que le Seigneur, le juste juge, me donnera, et non pas à moi seulement, mais à tous ceux qui auront aimé son avènement.

Alors que tous m'abandonnaient, le Seigneur m'a assisté et m'a fortifié. Le Seigneur me délivrera de tout mal, et il me sauvera pour me faire entrer dans son royaume céleste. A lui soit la gloire aux siècles des siècles ! Amen !

LA VISION DE GLOIRE

LA nouvelle Eglise connut des jours sombres et diffi-
ciles. Pierre et Paul furent tous deux mis à
mort à Rome pour leur foi, et beaucoup d'autres
souffrirent aussi pour le Christ. Pour affermir le courage des fidèles, en leur rappelant les récompenses qui
les attendent dans l'autre vie, l'apôtre Jean a écrit un
vivant récit de sa vision prophétique du Royaume des
cieux, disant en particulier :

Et je vis un nouveau ciel et une nouvelle terre ;
car le premier ciel et la première terre avaient
disparu, et la mer n'était plus.

Et j'entendis du ciel une voix forte qui disait :
« Voici le tabernacle de Dieu avec les hommes :
il habitera avec eux, et ils seront son peuple, et
Dieu lui-même sera avec eux. Il essuiera toute
larme de leurs yeux, et la mort ne sera plus, et il
n'y aura plus ni deuil, ni cri, ni douleur, car les
premières choses ont disparu. »

Puis un ange me transporta en esprit sur une
grande et haute montagne, et il me montra la
ville sainte, Jérusalem, qui descendait du ciel
d'auprès de Dieu, parée de la gloire de Dieu.
Son éclat était semblable à celui d'une pierre très
précieuse, d'une pierre de jaspe, transparente
comme le cristal. Elle avait une grande et haute
muraille, avec douze portes, et douze anges à
ces portes.

La muraille était de jaspe, et la ville était d'or
pur, semblable à un pur cristal. Les fondements
de la muraille de la ville étaient ornés de pierres
précieuses de toute espèce. Les douze portes
étaient douze perles ; chaque porte était d'une
seule perle. La rue de la ville était d'or pur, comme
du verre transparent.

Je n'y vis point de temple, car le Seigneur Dieu
tout-puissant, ainsi que l'Agneau, en est le temple.
La ville n'a besoin ni de soleil ni de lune pour
l'éclairer, car la gloire de Dieu l'illumine et
l'Agneau est son flambeau.

Il me montra encore le fleuve d'eau de la vie, clair comme le cristal ; il sortait du trône de Dieu et coulait au milieu de la rue de la ville. Et sur les deux bords du fleuve poussait l'arbre de vie, produisant douze fois des fruits, une fois chaque mois, et dont les feuilles servaient à la guérison des nations.

Le trône de Dieu sera dans la ville ; ses serviteurs le serviront. Ils verront sa face et son nom sera sur leurs fronts. Il n'y aura plus de nuit, et ils n'auront besoin ni de lampe, ni de lumière, parce que le Seigneur Dieu les éclairera ; et ils règneront aux siècles des siècles.

« Loi N° 49-956 du 16 juillet 1949 sur les publications destinées à la jeunesse ».
Dépôt légal février 1987 - Les Deux Coqs éditeur - 17.8966.11.86 - Imprimé en Italie (1).

Christmas Tree Farm

YOU ARE HERE! CHRISTMAS TREE FARM

Sandra Jordan
CHRISTMAS TREE FARM

ORCHARD BOOKS
New York

For my dear sister Nan

ORCHARD BOOKS • 95 MADISON AVENUE • NEW YORK, NY 10016

Library of Congress Cataloging-in-Publication Data

Jordan, Sandra, date.
    Christmas tree farm / Sandra Jordan.
      p. cm.
    Summary: Describes the activities that take place on a Christmas tree farm in Rhode Island throughout each season of the year.
    ISBN 0-531-05499-3. — ISBN 0-531-08649-6 (lib. bdg.)
    1. Christmas tree growing—Juvenile literature.   2. Christmas tree growing—Rhode Island—Tiverton (Town)—Juvenile literature.
[1. Christmas trees. 2. Tree farms.] I. Title.
SB428.3.J67 1993
635.9'7752—dc20   93-20142

Manufactured in the United States of America

Printed by Barton Press, Inc.
Bound by Horowitz/Rae
BOOK DESIGN BY ANTLER & BALDWIN DESIGN GROUP

10 9 8 7 6 5 4 3 2 1

The text of this book is set in 14 point ITC Leawood Book.
The illustrations are hand-colored, sepia-toned photographs.

Down Main Road past Four Corners, near Nonquit Pond,
is Christmas Tree Farm.
When November days grow short and cold we go there,
racing through the fields on a hunt for the perfect tree.
Then we really know—Christmas is coming.

The farm belongs to
our friends Janice and Leo Clark.
Janice grew up there.
Her great-grandfather bought the land.
Her father built the house before she was born.
After Leo retired,
the Clarks moved back to the farm.
Now all year long they look after
their Christmas trees,
getting ready for this special season.

In early spring bags and cartons
of baby trees, raised by nurseries
from the seeds found in cones,
are delivered to the farm.

Leo and Janice do the planting,
helped by their children, their grandchildren,
and some young neighbors who live nearby.
The workers walk along the rows.
In the spaces between the trees
they look for stumps
from Christmas trees
cut down last year.
When they find one,
they plant a new seedling
next to it
in the damp spring earth.

There is always something to do
at the farm—seedlings to water,
weeds to pull, grass to cut.
By July the trees look
shaggy with their new growth
of long soft shoots.
The Clarks and their helpers
prune the trees
into a tidy Christmas tree shape.
Leo has a special saw that straps on.
With it a whole tree
can be trimmed at once.
He says he is giving the
tree a haircut.

In the fall,
about when the leaves change from green
to red and yellow,
the trees are measured
against one of Leo's long white sticks
and tied
with different colored tapes
so buyers can see how tall they are—
yellow, five feet;
blue, six feet;
red-and-white-striped, over seven feet.
It takes between ten and fifteen years
for a tree to grow
to red-and-white-striped size.

Some families want to plant
their trees after Christmas.
So gardeners come to the farm to
dig up sixty or seventy trees
and wrap the roots
into big
burlap-covered balls.

Then Leo and Janice decorate the field shack
where trees will be sold,
and stack firewood
beside the woodburning stove.
Everything is ready for Opening Day
of Christmas Tree Farm.

We come early on that November morning,
but we aren't the first ones there.
We see familiar faces.
Old friends and new stop by.
Some work on the farm;
some want to buy a tree;
others just want to say
hello and have a glass of Leo's apple cider.
It's like a neighborhood party.

The fields are full of people
picking out their trees.
When a tree is chosen, a field worker
puts a tag on the top.
Some families hang a few decorations
to celebrate their choice.
We made gold stars for our tree,
but we can't decide!
Do we want a tall skinny tree
or a small cozy one?
A long-needled white pine,
a short-needled spruce,
or a fir?
"Every tree is perfect in its own way,"
says Janice. "Every family likes
a different perfect tree. You will find
the right tree for you."

At last we all agree,
we have found *our* perfect tree.
We put our stars on it,
and they swing gently in the wind.
Mother says we can't take it home
till the week before Christmas.
Then we will come back
to cut it down.

Now we pay for it in the field shack.
The Clarks' daughter Pam
watches over
one of her sons who is cashier—
but he doesn't need any help.

In the middle of December
the cutting starts.
The red baler is busy
all day long.
A bushy tree goes in one end,
the men tug, and
out the tree comes—
made smaller by a net that holds
the branches close to the trunk.
That way it is easier to carry home.

On a frosty morning the week
before Christmas we cut our tree!
Joe, who is helping out,
goes to the field with us.
We take turns using his saw.
The pine needles are prickly.
The trunk is thick.
From under the tree
Joe says, "Give a push
so it falls in the right direction."
"There it goes!"
"Look out!"

We load it into the cart
and pile in too.
The tree smells spicy.
The long needles brush our chins.
We smile and smile.

All around us people
are taking home their trees.
"Good-bye," says Leo.
"See you next year."
"Merry Christmas," says Janice.
"Good-bye."

Our tree rises
to the ceiling—
full of bright ornaments
and mysterious shadows.
We hold hands and sing
of angels we have heard on high,
of hope for peace on earth,
and goodwill to everyone.

Christmas is over.
We go for a walk
on the farm.
The field shack stands silent,
empty until next year.
The trees glisten under the January snow.
They are resting,
waiting for spring.
We hear the snow
crunching under our boots,
and the songs of winter birds.

The snow melts.
Dandelions and violets
bloom in the grass.
Soon the spruces,
pines, and firs will have
long soft shoots of new growth.
And this spring, like every spring,
the Clarks plant new trees to grow
where last year's stood,
on Christmas Tree Farm.

What happens to Christmas trees when Christmas is over? In one tradition the trunk is cut into Yule logs, decorated, and ceremoniously burned in the fireplace as part of the next year's Christmas Eve celebration.
In Tiverton, Rhode Island, where the Clarks live, a truck collects the undecorated trees. Every ornament and strand of tinsel must be removed. The trees are put through a special machine that grinds them up and turns them into garden mulch. The mulch is left in a huge pile, and anyone who needs it is welcome to take away a bushel or a truckload. Another community nearby uses the old Christmas trees to keep the sand dunes in place when the winter winds blow hard off the ocean.

What happens to Christmas trees in your town?

Thank you to all of the Clark family of Clark's Tree Farm in Tiverton, Rhode Island—Leo and Janice; Pam Clark Thurlow, her husband Chip, and their twin boys Chris and Andrew; Polly Clark Ney, her husband Joe, their son Bill, and their daughter Margaret. Thank you to the many other terrific people who work at Clark's—Billy Sanford, Mike, Sean, and Tommy. And a special thank-you to my sister Nan, her husband Robert, his son Scot, and their children Katherine, Michael, and Max. Many thanks also to my old friends and new who helped me out when I needed it—Ann Beneduce; Lance Newman; John Foley and Lisa, Jane, and Daniel Finn-Foley; Diana, Sheldon, Mia, and Simon Lidofsky; Bronwyn Roberts; Jonathon Hutton; Kathryn and Jessica Bondi; and Nancy Arnold.